POEMAS DEL RING

EZEQUIEL KRATSMAN

ISBN: 978-1-954314-15-3
Publicada por: Ezequiel David Publishing
Tercera edición: 2021

A todos los que me conocen, me quieren y creen en mí.

Prólogo

La primera vez que yo leí un poema dedicado a un deportista fue cuando tenía casi 13 años. Estaba leyendo un libro que tengo sobre un jugador de básquet. El libro está en inglés. No me acuerdo en qué capítulo estaba el poema, pero estaba ahí. En ese momento, me pregunté si era posible dedicarle un poema a un atleta famoso aunque los versos y estrofas no rimaran. Fue ahí donde me di cuenta que sí se puede hacer. Todo lo que hay que hacer es ser creativo con los detalles y ya lo escribías.

Hay y hubo cientos de boxeadores que se han admirado a través de los años pese a cómo fueron sus vidas fuera del ring. Los aficionados los recuerdan cuando solían verlos pelear en sus televisores o iban a los coliseos o los estadios a verlos pelear. Con el pase de los años, la gente que sigue y ha seguido el boxeo a través de los años habla sobre los peleadores que han visto. Eso es lo que hacen: hablar sobre las memorias que tienen de todos los grandes. Hablan sobre qué tan buenos eran y lo que han logrado y en algunos casos cuánto más pudieron haber logrado si las carreras hubiesen durado más si hubiese más factores que los favorecieran.

Piensan sobre lo sensacionales que fueron esas experiencias. Pero casi nadie ha escrito poemas dedicándoselo a uno por lo menos. Es más, posiblemente, a nadie se le ha ocurrido escribir uno dedicándoselo a un grande. Y si ha pasado, apenas uno escribió dedicándoselo a alguien, pero en inglés. Porque dedicarle un poema a un boxeador es algo que no se da. ¿Ha pasado que haya una colección de poemas dedicado solamente y únicamente a boxeadores que han hecho historia en ese deporte? No. Nunca ha pasado en la extensivamente larga vida de la literatura y en la larga historia del deporte de fistiana. Muchos quizás se preguntan lo siguiente: "¿A quién se le ocurre escribir una colección de poemas dedicadas solamente a boxeadores? ¿A quién?". La respuesta es: a nadie posiblemente se le ocurre.

En lo que llevo de vida, he visto a cientos y cientos de boxeadores pelear. Y a muchos no los admiraba, pero me gustaba el estilo de pelea que tenían. Me gustan todos los estilos porque cada estilo que tienen en el ring entretiene al público. ¿Por qué escribí una colección de poemas dedicados a boxeadores? Digamos que es un desafío como autor que me quise poner a mí mismo. Es un desafío que muchos quizás no pueden aceptar y tratar, pero yo estuve dispuesto a tratarlo. Muchos piensan que hacer algo como lo que hice en este poemario es imposible. Si piensan eso, puedo dejarles un mensaje, el mismo mensaje que quiero dejar en todos mis libros: Nada es imposible en esta vida. Y cuando digo que nada es imposible, es que NADA es imposible siempre y cuando uno se lo propone.

Por cada púgil que he visto, me queda un recuerdo de lo que es o lo que solía ser. Un recuerdo que vale la pena relatar, dependiendo si hay alguien que le interese escuchar. Claro, aprecio lo que demostraban en el ring y si puedo mencionar algunos detalles de ellos fuera del ring, lo puedo hacer. Eso fue lo que hice en cada poema que escribí.

En esta colección de poemas, que es gigantesca, escribí poemas dedicados a boxeadores de todos los pesos, desde los pesos mínimo hasta los pesados. Cada uno tuvo cualidades dentro de los cuadriláteros que los hicieron únicos. Se puede decir que cada poema dedicado a uno de ellos es una oda. Una oda que representa o expresa lo que era cuando peleaba en el ring. Espero que les gusten y que los entretengan. Si alguno de los boxeadores mencionados, o algunos de sus familiares, según conocidos por su apodo o como lo conocen, lee alguno de los poemas y me quiere conocer, va a ser un honor conocerlo. Si ellos o sus familiares si algunos de ellos ya han fallecido hace años, como debe ser el caso de muchos, me quieren contar sus anécdotas, seré todo oídos.

Índice

Aunque no se sabía cuándo iba a explotar,
no podías descuidarte.
Pero tan pronto sus puños terminaban de rotar,
llegaban a su destino para noquearte.
Todavía nadie sabe de dónde sacaba tanto poder
para destruir en cuestión de segundos.
Cuando sus puños no paraban de roer,
sus oponentes terminaban en abismos profundos.

Algunos que lo enfrentaron duraban
menos de un minuto.
Lo que pasaba era que él los destrozaba
fácilmente en pedazos diminutos.
En el círculo cuadrado, no se la pasaba
todo el tiempo haciendo una finta.
Pero su poder te demostraba
porque era conocido como El Inca.

En su trayectoria como súper pluma y peso ligero,
ninguno duró el número de asaltos planeado.
En el ring, era un hombre severo
que dejaba a su rival liquidado.
Alegró a su país con sus victorias en el ring
que eran emocionantes y explosivas.
Es una pena que tuvo un triste fin,
culminando una carrera llena de expectativas.

Tributo a Edwin Valero

El Demoledor de Manassa
("The Manassa Mauler")

Su pegada poderosa era su único respaldo,
El poder en sus puños era tan poderoso
que si sus oponentes pasaban del primer asalto,
ya era un milagro exitoso.
Algunos de sus oponentes no duraron
ni siquiera la primera mitad de un minuto.
Un alto porcentaje de los sueños de ellos quedaron
en un triste período de luto.

Una vez sonaba la campana,
no daba marcha atrás.
Al día siguiente, terminabas de la noche a la mañana
adolorido diciendo que no das más.
Con su ferocidad notada,
podía atacar la sección media
o simplemente con un buen golpe en la quijada
podía dejarte con una concusión seria.

Por eso era el Demoledor de Manassa.
Porque cuando entraba ahí dentro,
transformaba a sus oponentes en pedacitos de masa
aunque terminaban tendidos en el centro.
Ganó el campeonato mundial peso pesado
al enfrentar a un oponente de dos metros de estatura
y dejar su cuerpo gigantesco quebrado
luego de tres asaltos de tortura.

Al estar en el cuadrilátero cada día,
causó en su época mucha devastación.
Pero lo que además hacía
era ser una gran atracción.

Siempre que subía al círculo cuadrado,
liquidaba a su presa para terminar con su caza.
Por eso, siempre va a ser recordado
como el Demoledor de Manassa.

Tributo a Jack Dempsey

Su resistencia era más durable
que un practicante de tae kwon do.
Su estilo es aceptable
en todo el mundo.
Para ser un mini mosca,
tenía rapidez y fuerza en cada mano.
Demostraba una voluntad hecha de roca,
comprobando que era el Halcón Coreano.

Una versión muy admirada
Era una versión coreana del Halcón de Estados Unidos.
La afición no quedaba decepcionada,
porque sabían que él los iba a mantener entretenidos.
Un campeón como pocos que se pueden encontrar,
uno con más de una docena de defensas exitosas.
Lo que hizo en su reinado fue centrar
su talento en otra época gloriosa.

Uno de los talentos más prestigiosos
que Corea del Sur produjo.
Dejó un legado con recuerdos maravillosos
por sus grandes batallas con lujo.
Recuerdos para los grandes fanáticos
que lo veían desde el asiento más cercano.
Asia dio muchos campeones fantásticos,
entre ellos, el Halcón Coreano.

Tributo a Jung-Koo Chang

Fue conocido como un hombre decente
que provenía de Managua.
Pero podía convertir a su oponente
en un cuerpo a prueba de agua.
Era todo un caballero
que siempre actuaba con clase
En su caso, siempre terminaba primero
usando hasta su humildad como base.

Con sus codos huesudos,
formaba una defensa impermeable.
Esa defensa parecía un escudo
que simplemente no era atravesable.
Para empezar en las bajas divisiones,
era extremadamente delgadito.
Sin embargo, con sus potentes combinaciones,
destrozaba a uno pedacito por pedacito.

Verlo pelear con clase era un honor.
Sus golpes a la baja sección
causaban mucho más dolor
que una inyección.
Peleaba con una técnica fina
y lo hacía de modo expresivo
Fuera del cuadrilátero, era una persona humildemente divina.
Dentro de él, demostraba que era el Flaco Explosivo.

Enorgulleció a toda Nicaragua con la gloria
que dio hasta fuera del círculo cuadrado.
Por eso, todos tienen una buena memoria
de este hombre admirado.

Además de ser un ser admirable,
era cortés y compasivo.
Por eso, los fanáticos tienen un recuerdo memorable
de esta figura conocida como el Flaco Explosivo.

Tributo a Alexis Argüello

Él fue el Halcón
de las calles de Estados Unidos.
Al igual que el Súper Tazón,
mantenía a los fanáticos entretenidos.
Casi todos sus combates
no duraron el número de asaltos indicados
lo que significa la cantidad de jaques mates
que propinó y son recordados.

Alzaba siempre su mano derecha
señalando a su oponente
una vez tras él como una flecha,
listo para preparar su ataque potente.
Esa señal al oponente en línea era su sello
antes de empezar un encuentro.
Lo hizo con cada uno de ellos
antes de empezar en el centro.

Era una máquina siempre en ataque
que no parecía cansarse.
Ponía sus oponentes en jaque,
dispuesto a fajarse.
Si el oponente lo derribaba,
más se enfurecía.
Y una vez se levantaba,
su ataque, con más rabia, seguía.

Si él recibía el doble
de golpes de lo esperado,
le propinaba a su oponente el triple
sin verse deteriorado.

En el círculo cuadrado, era un molino
que atacaba sin sufrir un apagón.
Tenía más resistencia y bravura que un marino.
Ese era el Halcón.

Tributo a Aaron Pryor

En cuanto a demostrar bravura,
él era un increíble maestro.
Su mandíbula era más fuerte que una herradura
y tenía la mentalidad de un hombre siniestro.
Cuando este deporte necesitaba un símbolo,
él fue un símbolo del machismo.
En su país y el resto del mundo, fue un ídolo
y un blanco del favoritismo.

No era nada compasivo
con ningún oponente.
No le importaba si terminaba yacente
en la lona o en estado vegetativo.
Esa era la leyenda de Manos de Piedra.
Sus golpes eran tan duros y crujientes
que causaban más dolor que una motosierra.
Causaban en los estadios muchos ambientes.

Uno de los pocos latinos que lograron
conseguir más de cien victorias.
La mayoría de los mejores oponentes no lo superaron,
dejando en la mente de la afición buenas memorias.
Al entrar en el círculo cuadrado,
se convirtió en un mito eterno.
Siempre va a ser recordado
como el más grande guerrero moderno.

Peleaba con tal ferocidad
que no era lógico que el oponente terminara ileso.
Y demostraba su estilo feroz y agresividad
cuando subía de división de peso.

Destrozaba a sus oponentes como leña
usando sus puños como una sierra.
Nadie olvidará a esta leyenda panameña
conocida como Manos de Piedra.

Tributo a Roberto Durán

Una vez empezaba un asalto
tirando golpes, el Pacman no para.
Su mente no decía alto
hasta que el episodio para.
En un deporte que requiere una habilidad defensiva,
su ofensiva relampagueante
es su mejor arma defensiva.
Eso hace cada pelea emocionante.

Sus puños son más veloces
que una bala disparada.
Y puede causar daños atroces,
desde el cuerpo a la quijada.
Sus manos tienen tanta velocidad
que su oponente no las ve.
Pelea con tanta intensidad
que él es mejor de lo que la gente cree.

Cuando entra al círculo cuadrado,
él no entra a payasear.
Sube completamente determinado,
dispuesto a pelear.
Será imposible olvidarlo
una vez su trayectoria culmina.
Todos van a recordarlo
como una metralleta humana filipina.

Tributo a Manny Pacquiao

El Bombardero Marrón ("The Brown Bomber")
septiembre 2012

Fuera del círculo cuadrado,
era un hombre callado.
Pero no podías estar confiado
porque podía dejarte noqueado.
No hablaba de más en una conferencia
para que los demás lo criticaran.
Era un hombre con mucha decencia,
pero hacía que sus puños hablaran.

Sus golpes eran tan y tan potentes
que hasta algunos de sus oponentes
que eran unos inmensos gigantes
sufrían derrotas rápidas impresionantes.
Se ha enfrentado a los leones
más bravos en su división
y usando sus puños en buena condiciones,
los ha derrotado con convención.

La leyenda de El Bombardero Marrón
ha demostrado en su largo reinado
por qué fue un verdadero campeón
y uno que fue muy apreciado.
Defendió el campeonato mundial de los pesados
dos decenas y media de veces,
demostrando que era uno de esos peleadores dotados
que apenas ves cuando creces.

En algunas de sus importantes victorias
todos los aplaudieron y admiraron.
Y como muchas glorias,
todos lo recordaron.

Fácilmente podía derribarte
y no podías decir que sufriste un resbalón.
Eso pasaba al enfrentarte
al Bombardero Marrón.

Tributo a Joe Louis

El Danés Incansable ("The Durable Dane")
septiembre 2012

En su época, el castigo que recibía
hubiese sido considerado una brutalidad
hoy en día.
Pero cuando él tuvo su día,
lo consideraba como parte de la normalidad
cada vez que combatía.

Todos sus combates eran guerrillas,
dispuesto a recibir todo lo que su adversario ofrecía.
Aunque detuvieran el reloj y sus manecillas,
la pelea era una guerra en la que él prevalecía.
Así era la leyenda del Danés Incansable:
No importaba el castigo que le propinaba
su oponente porque su espíritu se volvía vulnerable
y en cuestión de tiempo se quebraba.

Si usabas todas tus energías,
tu resistencia quedaba evaporada.
Si le pegabas con todo lo que tenías,
tus manos terminaban quebradas.
El oponente constantemente le pegaba
con todo como si lo viera como un ser detestable.
Pero al final, él aguantaba,
demostrando que era el Danés Incansable.

Tributo a Battling Nelson

El Granjero Cebollero de Canastota
("The Canastota Onion Farmer") septiembre 2012

Le decían el Granjero Cebollero de Canastota
porque desde los comienzos de su vida,
en lo único que ha trabajado
fue con cebollas en las granjas.
Pero no le importaba si tenía la cara rota
o una herida sufrida
cuando estaba en el círculo cuadrado.
Peleaba aunque sufriera varias franjas.

Cualquiera recuerda su alma de acero.
Al pelear, siempre demostró un deseo
increíble y quien no le gustaba ver a este guerrero
no merece considerarse un fanático del boxeo.
Su cabeza parecía un imán
que podía absorber golpes con hasta potencia aguda.
Con su ataque, podía enviar a su oponente a un macadán
con flechas con punta puntiaguda.

Podías pegarle con una plancha
y aun así, no podías derribarlo.
Peleaba con una furia más grande que una lancha.
Era imposible pararlo.
Cada una de sus peleas era una guerra.
Nunca parabas de verlo guerreando.
Uno de los tipos más bravos en la Tierra
que entretenía a los que lo estaban forrando.

Nacido en la Gran Manzana,
considerada en su país la meca de los deportes.
Batallaba desde el momento que sonaba la campana,
sin importarle si sufría hasta cien cortes.

No le importaba si terminaba con la cara deformada
o peor que la de una marmota.
Así recordarán a esta figura irónicamente apodada
El Granjero Cebollero de Canastota.

Tributo a Carmen Basilio

Dejaba a todo el mundo asombrado
para ser un peso mínimo.
Dentro del círculo cuadrado,
era un maestro legítimo.
Su técnica era magnífica
para alguien peleaba en su peso.
Valía la pena verlo dar una clínica
y nadie puede dudar de eso.

Era un púgil físicamente finito
pero pegaba verdaderamente duro.
Aunque peleaba en el peso más chiquito,
era un boxeador puro.
México es el país de sus raíces,
pero demostró sus habilidades fenomenales
e hizo varias defensas en varios países
de los cuatro puntos cardenales.

Hizo veintidós defensas exitosas,
defendiéndolo constantemente.
Algunos oponentes recibieron manos tan poderosas
que cayeron a la lona rápidamente.
Esa era la leyenda de Finito:
Un pequeño gigante con gran puntería
y boxeo fino y prolijito,
una gran mecánica que no se da cada día.

Su habilidad era admirada por tantos millones
que todos iban a verlo y tomar nota.
Es uno de los muy pocos campeones
que se retiraron sin una sola derrota.

Es recordado por su largo reinado
y su estilo técnico y estupendamente bonito.
Los millones de aztecas nunca tendrán olvidado
a este estilista técnico conocido como Finito.

Tributo a Ricardo López

Dinamita septiembre 2012

Un contragolpeador por excelencia,
uno que era mucho más que dotado.
Un hombre con muchísima decencia;
se le notaba dentro y fuera del círculo cuadrado.
Tiraba muy largas combinaciones
y lo hacía con mucha velocidad.
Las tira tan bien como resolver ecuaciones.
Nadie las puede bloquear con facilidad.

Todos recuerdan sus batallas
con la metralleta humana filipina.
Lo hizo quedar como un débil ejército de mayas,
dándole de su propia medicina.
Le dio cátedra pese a que fue varias veces derribado,
demostrando que no fue totalmente derrotado.
Una lástima que no pudo convencer a los jueces
que vieron las peleas soñando con los peces.

Pero en una cuarta pelea histórica,
lo dejó completamente noqueado
con una derecha en un momento inesperado.
El ciclón filipino terminó con una memoria crónica.
Dejaba a todos felices con cada desempeño
Cada cátedra que da es bonita.
Siempre debemos recordar todo el empeño
que pone esta figura conocida como Dinamita.

Tributo a Juan Manuel Márquez

Empezó a muy jovencita edad
a pelear como profesional.
Pero demostró que su calidad
era increíblemente sensacional.
En una edad donde muchos están en el secundario
desarrollándose y estudiando,
él ya estaba demostrando que era extraordinario
y manteniéndose entre los grandes ganando.

A temprana edad, demostró rápidamente
una sorprendente madurez
Hacía sus peleas lucir fácilmente
como un partido de ajedrez.
Cuando El Radar estaba en las cuerdas,
te hacía pensar que lo tenías acabado.
Pero esquivaba tus derechas e izquierdas
sin problemas, dejándote anonadado.

Casi nunca entrenaba
cuando tenía su turno de pelear.
Y aun así, los derrotaba
y era un blanco difícil de golpear.
El Radar siempre será recordado
como uno de los maestros defensivos
que se defendía y atacaba con certeza
y terminaba con amparo.
También lo recordarán por nunca haber entrenado,
una cualidad que lo llevó a triunfos afirmativos,
pero que también disminuyó su grandeza
y al final le costó caro.

Tributo a Wilfred Benítez

Mientras los años pasaban,
demostraba que mejoraba.
Los fanáticos admiraban
a este grande conocido como Chava.
Tenía las apariencias de un niño
con una mandíbula gigantesca.
Pero acababa con sus oponentes sin cariño,
ganándose el apoyo de su nación azteca.

Sus contrataques eran excelentes,
combinados con velocidad,
golpes sumamente potentes
que no perdían su agresividad.
Sus contragolpes eran sus mejores enseres
y nadie podía dudarlo.
Quien se atreviera a subestimarlo
terminaba durmiendo con los peces.

Siempre mencionan su combate recordado
con la leyenda boricua conocida como Bazooka
quien constantemente lo ha subestimado
jurando que le destruía hasta la nuca.
Pero hizo a Bazooka lucir como una sabandija,
quitándole el invicto en esa histórica noche.
Lo dejó más destrozado que una lagartija
que acababa de ser atropellada que un coche.

Su gloriosa era
terminó muy abruptamente
en un trágico accidente.
De no haber sido así, su carrera
hubiese sido indudablemente
aún más sorprendente.

Nadie se perdió ninguna defensa
de su título cuando en su esplendor estaba.
Para muchos, fue una gran recompensa
ver a este ser legendario conocido como Chava.

Tributo a Salvador Sánchez

Era un pequeño gigante
lleno de tenacidad.
Él era un ser impresionante
que enfrentaba todo tipo de adversidad.
Como en muchos casos,
él era el hombre más pequeño.
Y como en muchos casos,
demostraba que no era un campeón de diseño.

Falucho tenía un estilo aguerrido,
en el cual evadía las manos del oponente
con un buen movimiento de cabeza
y unos puños difíciles de pararlos
estaba completamente decidido
a atacar a sus rivales con un ataque frente
y cuando conectaba sus golpes con certeza,
podía derribarlos.

Un verdadero luchador viajero
en los mosca y los súper mosca.
Combatió en muchos lugares del extranjero,
sin importar que el lugar fuera hosca.
Sus peleas hasta se comentan por cada murmullo
que de repente se enteraban hasta los vecinos.
Con sus logros, le trajo un orgullo
a millones de argentinos.

Uno de muchos peleadores
en ganar títulos en dos divisiones.
Se ganó el corazón de millones
y millones de admiradores.

Físicamente, era pequeño,
pero te demostraba que no era un debilucho.
Nadie tenía un lindo sueño
al enfrentar a este grande llamado Falucho.

Tributo a Santos Benigno Laciar

El Leopardo de Morón

Un verdadero símbolo de guapeza
que cada vez que combatía
al estar en el círculo cuadrado,
batallaba con todo.
Técnicamente, no tenía mucha certeza.
Sin embargo, él no te permitía
jamás sentirte recuperado.
No hacía eso de ningún modo.

Todos recuerdan su pelea histórica
en la famosa nación sudafricana
cuando chocó cabezas con su contrincante
y sufrió una cortadura espantosa.
Simplemente, en él no existió la lógica.
Con su cabeza luciendo como una ventana
rota y sangrando de forma poco degradante,
atacó como una fiera rabiosa.

El Leopardo de Morón noqueó a su oponente
en los segundos finales
de la emocionante contienda,
dejándolo tendido en el piso.
Lo hizo con un gancho potente
que hizo a los fanáticos emocionarse como animales,
incluyendo a los que lo vieron en su vivienda
al verlo hacer lo que quiso.

Lo que hacía era frustrarte
para demostrar su gran coraje.
Cuando tenía que pelearte,
lo hacía con el alma de un toro salvaje.

Dejaba a todos emocionados
cada vez que daba una gran demostración.
Cuando tenía sus puños y guantes preparados,
demostraba que era el Leopardo de Morón.

Tributo a Víctor Galíndez

Mike de hierro ("Iron Mike")   septiembre 2012

Dentro del círculo cuadrado,
era tu peor pesadilla.
De un sólo golpe, podía dejarte derribado
y hacerte salir de la arena en camilla.
Todos que vieron a Mike de hierro
recuerdan su naturaleza brutal.
Con sus puños más sólidos que un cencerro,
cada golpe que tiraba era letal.

Ninguno de sus oponentes
se iba sin sentir su odio.
Sus ataques eran tan infinitamente potentes
que la mitad de ellos no duraron el primer episodio.
Tenía una gran musculatura
con una velocidad impresionante
y una pegada extremadamente impactante
que parecía que nació con fuerza pura.

Era asombroso para un peso pesado.
con una defensa increíble y juego de adentro
podía derribar a su oponente en el centro
y dejarlo fácilmente noqueado.
Se convirtió en el campeón más joven en la historia
haciendo grandes iniciativas
para cumplir con sus expectativas.
Pero pasaron cosas negativas mezcladas con la gloria.

Terminaron las expectativas recibidas
luego de perder el título peso pesado
y su incapacidad de ser destrozado
dejando millones de mentes sorprendidas
en la tierra japonesa.
Una derrota ante un desconocido
que pensaban que iba a quedar destruido
en estado de delicadeza.

Tras esa derrota en Japón,
las cosas fuera del círculo cuadrado
para él no han mejorado.
Sufrió un gran tapón.
Se retiró perdiendo antes del límite,
siendo sus últimos dos victimarios
dos enormes títeres
que de enfrentarlo en su mejor momento,
ellos hubiesen pasado calvarios
y terminado en tumbas de cemento.

Cualquiera quedó sorprendido
al ver este tipo hecho de fierro.
No puede quedar en el olvido
la leyenda de Mike de hierro.

Tributo a Mike Tyson

El Chico de Oro   septiembre 2012
("Golden Boy")

Dentro del círculo cuadrado,
sus rivales no tenían mucha suerte.
Uno de ellos podía terminar noqueado
con su gancho de izquierda que era fuerte.
Un gancho de izquierda desarrollado
desde su gloria como aficionado,
ganando oro en unas Olimpiadas,
logrando un sueño dorado
que dejó a muchas caras alegradas.

Con todas sus cualidades,
lo que hizo en su carrera profesional
fue ser un ídolo multidimensional
para los fanáticos de todas las edades.
Acumuló una gran colección
de campeonatos en varias divisiones
al mismo tiempo que ganó millones
gastando algunos sección por sección.

Un sueño americano de ascendencia azteca
que al verlo pelear, era un tesoro.
Todos decían su nombre en un coro.
Cualquier chico dirá ahora: "Cuando crezca,
quiero ser como el Chico de Oro".

Tributo a Oscar De La Hoya

El Coloradito   septiembre 2012

Otro campeón admirado
en la división peso pluma.
En un segundo, pensabas que estaba acabado
y en otro, te convertía en espuma.
Ningún fanático salía
sin sentirse complacido.
Todos veían que él sobresalía
y su oponente en la lona dormido.

Casi todas sus victorias
terminaron antes de los asaltos pactados,
con casi todos sus rivales siendo derribados
y él teniendo todas la gloria.
Cualquiera recuerda su reinado
donde la cada uno de los retadores
sintió sus puños demoledores
y terminó derribado.

El Coloradito estaba dispuesto a batallar.
Un hombre pequeño, pero poderoso.
Quien pensaba que iba a salir airoso,
en cuestión de tiempo, se iba a callar.
Se emocionaban a ver como caía
el oponente pedacito por pedacito.
Cada aficionado se iba con la alegría
de una buena memoria de El Coloradito.

Tributo a Danny López

Lo veían tirar el golpe polo
que se sentía en cualquier polo.
Fue un peleador espectacular
en una era donde la televisión
empezó a volverse popular
y ganar mucha afición.

Se ganó el corazón de auspiciadores
y millones de admiradores
que lo veían por sus televisores
peleando contra los mejores.
Otro de los grandes campeones
que la división peso welter vio
y su país dio.
El Halcón Cubano fue admirado por millones.

Siempre que peleaba en el círculo cuadrado,
demostraba lo que verdaderamente era.
Es más, nunca fue noqueado
en su larga carrera.
Quienes lo veían en el estadio
no lo hacían en vano.
Valía la pena hasta escuchar por radio
las peleas de El Halcón Cubano.

Tributo a Kid Gavilán

Como el Sugar Ray original, no habrá otro jamás.
Podía un paso hacia atrás
y al mismo tiempo dejarte noqueado
con un gancho de izquierda conectado
tan fuerte que tu quijada ya no daba más.

Famoso hasta en el exterior.
Su habilidad era tan superior
que nadie podía igualarlo.
En su esplendor, el oponente lucía tan inferior
que simplemente no podía derrotarlo.

Tras una carrera invicta como aficionado,
no pudo ser derrotado
hasta en su cuadragésima primera pelea profesional.
Luego de esa derrota, se vio recuperado,
luciendo todavía infinitamente sensacional.

Su izquierda estaba en pura movilidad
Superaba a todos con su velocidad,
tirando golpes que el oponente a veces no veía.
Se daba cuenta que su habilidad
era mil veces mejor de lo que creía.

Ganó el título peso welter una vez
y el título peso mediano cinco veces.
La mayoría de sus oponentes recibían el conteo de diez
y se iban a dormir con los peces.

En su noche de despedida
en la meca del boxeo,
recibió un lindo trofeo
que decía: "El mejor boxeador del mundo".

Una maravilla de tributo merecida
para una maravilla de púgil y trotamundo.
Era mucho más veloz que el viento
con una técnica envidiable.
No solo era un peleador perfecto apreciable.
También era poesía en movimiento.

Tributo a Sugar Ray Robinson

Para su isla pequeña,
era un honor verlo pelear cada asalto.
Cuando alegraba a su patria borinqueña,
lo hacía poniéndola siempre en alto.
Para sus compatriotas de la isla del encanto,
él fue su Muhammad Alí.
Desde que su fama aumentó tanto,
el asunto siempre fue así.

Podía noquear a sus oponentes
de una sola mano.
Sus manos era tan potentes
que el tratar de aguantarlo resultaba en vano.
En todos sus reinados,
fue un campeón dominante.
Los oponentes terminaban noqueados
de forma horripilante.

Uno de los pocos que lograron
ganar títulos en tres divisiones.
Los boricuas que lo adoran y lo adoraron
son, fueron y serán millones.
Para sus compatriotas era un mito
ir hasta a los estadios de Estados Unidos
a verlo y gritar "¡Tito! ¡Tito!"
y ver cómo dejaba a sus oponentes destruidos.

Era un caballero y un señorito,
demostrando ser un hombre carismático.
que se ganó el corazón de cada fanático.
Le dejó a los aficionados un recuerdo bonito.

Quienes lo vieron en el círculo cuadrado,
disfrutaban cómo demolía al rival por pedacito.
Por eso, admiran a este noqueador recordado
como la leyenda de Tito.

Tributo a Félix "Tito" Trinidad

Un fenómeno de Quilmes
con un nivel superlativo.
Atrae fanáticos de a miles
con su estilo elusivo.
Muchos lo han esquivado
hasta en el extranjero
porque saben que es superdotado
como peleador técnico y guerrero.
Hubo peleas que ha ganado
y lo saben los aficionados.
Pero fue víctima de robos descarados
y el mundo de fistiana se sintió indignado.
Recuerdan su revancha con El Castigador
cuando en el segundo asalto,
lo conectó con un izquierdazo devastador
que lo derribó y puso temporeramente su cerebro en alto.

Puede dar cátedras de boxeo
y al mismo tiempo pelear hasta la última milla.
Por eso, cada vez que lo veo,
demuestra por qué lo conocen como Maravilla.
Se defiende con la guardia baja,
demostrando sus increíbles reflejos,
dejando a sus oponentes perplejos
y mentalmente atrapados en una caja.
Progresa mientras pasa cada pelea.
Si al principio no tenía pegada
ahora la tiene más potente y desarrollada.
Es para que el público lo vea.
Es más astuto que un roedor
que demuestra que luchar por ser el mejor
no es una tarea sencilla.
Para millones de argentinos, seguirá siendo Maravilla.

Tributo a Sergio Martínez

Sólo tres hombres fueron milagrosos
al durarle el número de asaltos pautados.
Sólo tres resistieron sus golpes poderosos
sin terminar acabados.
Conectaba golpes destructivos
en donde fuera posible.
Aguantar sus puños
era casi imposible.

Descargaba una munición
que dejaba a sus oponentes noqueados
en la lona con los ojos cerrados,
siendo eso para ellos era la mejor posición.
Se iba a un rincón, mirándolos
esperando que no se levantaran
y los fanáticos se quedaran
con el deseo de seguir viéndolo golpeándolos.

Su tiempo como campeón súper gallo es el reinado
de Bazooka más recordado
donde tuvo diecisiete defensas exitosas,
con ninguna llegando hasta el asalto final pactado
y algunas de ellas fueron victorias asombrosas.
Tuvo un reinado corto en la división peso pluma
y otro en la división súper pluma.
Pero se recuerda su esplendor en la división peso súper gallo
cuando verlo atacar con más furia que un puma
era para él más fácil que escribir un ensayo.

Ganó un campeonato
en tres distintas divisiones
siento un noqueador nato
recordado por millones.

Nadie olvidará esa sólida pegada
que se sentía hasta en la nuca.
De eso se trata la leyenda recordada
y conocida como Bazooka.

Tributo a Wilfredo Gómez

El Fantasma Filadelfiano   septiembre 2012
("The Phantom of Philly")

Para ser un medio pesado,
era difícil verlo noqueado.
Un hombre con una gran agilidad.
Tenía que ser admirado
por su estupenda habilidad.
Su derecha se volvió inefectiva,
demostrando fragilidad,
un hecho que se convirtió en realidad.
Su izquierda era su arma más efectiva
además de tener una buena táctica defensiva.

Su izquierda era increíblemente talentosa
que podía dar una lección maravillosa,
ganando el campeonato medio pesado
y dejando el cinturón de campeón sano.
Por esa razón, fue apodado
El Fantasma Filadelfiano.

Sus manos no tenían poder demoledor,
pero daba cátedras brillantes
al tirar capas de izquierdas atacantes
y dar vueltas alrededor.
Enfrentó a todos, desde la división peso mediano
hasta la división peso pesado.
No se puede olvidar todo lo que ha logrado
el técnico apodado El Fantasma Filadelfiano.

Tributo a Tommy Loughran

El mejor de los pesos medianos
en la larga historia.
Unió a los argentinos como hermanos
para darle a Argentina mucha gloria.
Como campeón, no le ganó nadie.
Hasta en Europa, la gente lo admiraba
cuando veía cómo los liquidaba
con precisa barbarie.

Era un ídolo de matiné,
el más grande de Santa Fe.
Peleaba con agresividad económica
y lo hacía con lógica.
Cumplió con cada meta
que claramente tenía en mente.
Todos recuerdan a Escopeta,
apodo que se ganó apropiadamente.

Perdió tres de sus primeros veinte combates,
pero nunca más sufrió una mancha,
terminando la mayoría de ellos con remates
más rápidos que una avalancha.
Venció a sus oponentes claramente,
pasando apenas un suspiro
y al culminar felizmente,
pudo anunciar su retiro.

Su marca de defensas titulares
pudo ser años después superada.
Pero su era como uno de los más populares
nunca va a ser olvidada.
Aunque físicamente se ha ido,

no lo está en la mente de ningún fanático.
La leyenda de este atleta fantástico
apodado Escopeta nunca estará en el olvido.

Tributo a Carlos Monzón

El Chico de Hierro ("Iron Boy")   octubre 2012

Cuando se sube al círculo cuadrado,
él siempre era el torero.
No era posible causarle un daño severo.
Por eso el oponente terminaba frustrado.
Durante su largo reinado
dominante en el peso mínimo,
parecía un poeta lírico
que tiene que ser idolatrado.

Se movía alrededor con mucha agilidad,
esquivando y evitando golpes en gran cantidad
con tal de no dejarse pegar.
Ningún fanático puede negar
esa increíble facilidad
con la que dominaba el círculo cuadrado.
Hasta cada oponente en su otro dominio recordado
en los mini mosca lucía como un becerro.
Eso hacía este fenómeno recordado
como El Chico de Hierro.

Tributo a Iván Calderón

El Gigante de Galveston ("The Galveston Giant")

octubre 2012

Le decían el Gigante de Galveston
porque nació en Galveston,
un territorio texano
donde puede haber hasta cualquier chicano.
Quienes conocen su historia
saben que estuvo llena de gloria,
pero dentro y fuera del círculo cuadrado,
fue en su época el más odiado.

Para ser un peso pesado,
era tan ágil como un gato
y podía evitar ser golpeado
y moverse a cada rato.
Peleaba y se defendía con elegancia.
al tener al rival de frente.
También demostraba siempre su arrogancia
al sonreírle a su oponente.

Se convirtió en el primer hombre moreno
en ganar el campeonato peso pesado.
Lo logró pese a un sistema que no era sereno,
el establecimiento más blanqueado.
Su extravagante caravana
se notó hasta en su reinado
que se dio por terminado
al perder el título en La Habana.
Aún nos hace preguntarnos lo siguiente:
¿Jugó con el deporte porque quiso
o para que le diéramos mérito por lo que hizo
para convertirse en una leyenda sobresaliente?

Tributo a Jack Johnson

Otra gran leyenda gloriosa
que ha dado Argentina
La memoria de su mano milagrosa
es otra que predomina.
Otra figura que tuvo un reinado
en la división de los pesos medios.
Un ejemplo que ha demostrado
mucho en una división de hombres serios.

¿Quién no recuerda a la Locomotora?
Cuando había que ponerse bravo cuando era hora,
se ponía bravo efectivamente
aunque no tenía una técnica decente.
El oponente no podía confiarse ni los cruces
porque con una sólo mano,
él podía apagarle las luces
y ponerlo a soñar en el Vaticano.

En México, estaba claramente atrás
cuando le conectó a su oponente
un gancho de izquierda tan potente
que el rival no se levantó más.
La noticia de su mano dramática
se supo hasta en Sonora.
Nadie olvida la izquierda fantástica
que le dio esa victoria a La Locomotora.

Esa izquierda mágica conectada
que envió a su rival a la lona
es claramente recordada
como una versión de la mano de Maradona.

Una versión de las manos cerradas
que noqueó a casi unos cientos eficazmente.
Las anécdotas vistas metódicamente
de la Locomotora serán siempre recordadas.

Tributo a Jorge Fernando Castro

El Águila Feroz
(Kanmuriwashi)

Al pelear al nivel profesional,
tuvo una corta carrera,
pero demostró lo que era:
un hombre pequeño sensacional.

Muy conocido en su nación japonesa.
Cuando su ataque demolía al oponente,
lo hacía sin delicadeza.

El público alzaba siempre la voz
hasta ver el cuerpo yacente
del rival del Águila Feroz.

Como mini mosca, tuvo un gran reinado
escribiendo una nueva página
y esto no es una sátira
porque él lo ha comprobado.

Decían su nombre hasta en un portavoz
antes de combatir cuando le tocaba.
El público sabía lo que esperaba
del Águila Feroz.

Tributo a Yoko Gushiken

Muy pequeño para un peso pesado,
pero con una derecha infinitamente terrible,
una resistencia indestructible
y una mandíbula de guerrero determinado.

Él era un verdadero ejemplo de deseo
de hacer lo que sea para ganar.
Era sólido como una roca imposible de aplanar
que nunca paraba con el ojeo.

El Destructor de Brockton tenía los brazos cortitos,
pero con sus manos más sólidas que un tanque
podía dejarte hecho trocitos.

Se detenía cuando un episodio terminaba.
Pero su ataque empezaba su arranque
de nuevo cuando el siguiente empezaba.

Podía terminar con la cara en bancarrota
y aun no podía ser derrotado.
Es el único campeón peso pesado
en retirarse sin sufrir una sola derrota.

No nació en la ciudad de Boston
pero para Massachusetts fue un ídolo amado.
Ese estado recordará al gran campeón apodado
el Destructor de Brockton.

Tributo a Rocky Marciano

Fue un gran junior mediano
que alegró a los argentinos.
Llegó de orgullo a todos los santafesinos
que lo vieron demoler con su mano.

Un zurdo con una izquierda demoledora
que enviaba al rival a la lona
luciendo como si le echaron silicona
para quedar tendido al llegarle la hora.

Como muchos, tuvo un largo reinado
con doce defensas exitosas
recibiendo bolsas no tan jugosas
hasta que su tiempo de campeón se ha acabado.

Fue otro campeón noqueador adorado,
Los argentinos que lo vieron fueron millones.
Como muchísimos campeones,
siguió cuando su época ya había pasado.

Era extremadamente absurdo
no esperar algo emocionante
cuando alguien sentía la zurda alarmante
del grande apodado El Zurdo.

Tributo a Julio César Vásquez

No le dieron una oportunidad
por el campeonato peso mediano
porque no le dieron mérito por la calidad
que valía como buen peleador y ciudadano.
Otro grande subestimado
que de nada carecía.
Lástima que nunca le han dado
la oportunidad que se merecía.

Él era un zurdo original
que peleaba como diestro.
Su rival no tenía un lindo final
al sentir su poder siniestro.
Peleó con los mejores contendientes,
venciéndolos claramente.
Los puso KO con sus manos potentes.
Muchos de ellos cayeron rápidamente.

Era un zurdo escondido,
uno hábil con ambas manos.
Fue indiscutiblemente un ídolo evadido
por hasta el mejor de los medianos.
Su oportunidad muy esperada
terminó permanentemente en la lona.
El Zurdo será una leyenda recordada
como un campeón mundial sin corona.

Tributo a Eduardo Lausse

El Toro del Bronx   octubre 2012
("The Bronx Bull")

Peleaba ante la presencia de una manada.
El Bronx es de donde es oriundo.
El Toro del Bronx tenía la mejor quijada
en todo el mundo.
Le daba a cada fanático
el valor de su dinero.
Peleaba con el coraje volcánico,
con un estilo callejero.

Tan sólida era su quijada
que nadie podía derribarlo
aunque tenían la oportunidad dada.
Ni con una tabla podías lograrlo.
Tenía un cuerpo con un corazón atrapado
combinado con pequeñas manos.
En lugar de pelear en los pesos medio pesados,
competía en los pesos medianos.

Hasta el mejor y más fino peleador
que era poesía en movimiento
lo atacó con un ataque abrumador
y fracasó en conseguir su yacimiento.
Para él, pelear era un asunto personal.
Peleaba como un volcán en proceso de erupción.
El rival podía atacar de forma multidimensional
y aun así, sus manos sufrían una grave lesión.

El Toro del Bronx será recordado
por ganar el campeonato
y violencia dentro y fuera del círculo cuadrado
y darle a su deporte signos de maltrato.

Recordado por sus demonios que lo controlaban
y a veces no lo dejaban pensar.
Y a pesar de eso, los fanáticos lo admiraban
cuando con un buen papel los iba a compensar.

Tributo a Jake LaMotta

Era otro hombre pequeño,
pero con su gancho de izquierda, podía ganarte.
No solamente eso, pero con él podía enviarte
rápidamente a la vía del sueño.

Su gancho de izquierda tenía tanta potencia
que parecía una bala de cañón
y convertía a los rivales en carbón
y la emoción que causaba no estaba en ausencia.

Recuerdan hasta el final de su carrera.
su época en los peso pluma donde ganó el título
y su regreso hasta en los pesos ligero que fue ridículo
porque ya fue lo que una vez era.

Pero el Púas mejor recordado es el del peso gallo
la división donde ganó su primer campeonato
cuyo gancho dejaba a sus rivales en el anonimato,
partiéndolos en pedazos como un rayo.

Su poder era más sólido que mil grúas
y ese seguirá siendo su legado.
Nadie olvidará a este pegador recordado
y conocido como El Púas.

Tributo a Rubén Olivares

J.C.   octubre 2012

J.C.es como muchos millones lo conocían
aun cuando le alzaban la mano.
También es conocido por como lo introducían
por el micrófono: El Gran Campeón Mexicano.
Todos los mexicanos lo apoyaban
cuando entraba al círculo cuadrado.
Todos sus compatriotas se emocionaban
cuando el rival terminaba liquidado.

No perdió en casi una década y media,
siempre estando en la cima.
El rival siempre fallaba la tarea muy seria
de tratar de quitárselo de encima.
Siempre iba tras su presa,
dispuesto a recibir dos golpes para dar uno
y acabar con su rival por pieza
y conectar en cada momento oportuno.

Campeonatos en tres divisiones.
Eso fue lo que ha logrado.
Un ídolo adorado por millones
en su país que jamás será igualado.
Tuvo muchísimas defensas titulares,
disputándolo muchísimas veces.
Todas sus victorias fueron espectaculares
y todas se comentaban hasta por meses.

Todos podían estar en sus peleas gritando
y nunca terminar con su voz seca
porque en todo momento estaban apoyando
a su máximo héroe azteca.

Siempre acompañaron al gran J.C.
con los colores aztecas por más de dos décadas.
Hasta llevaban la bandera azteca con la fe.
en sus puños más fuertes que dos almádanas.

Tributo a Julio César Chávez

La Mangosta Vieja
("The Old Mongoose")   octubre 2012

Durante su carrera fue constantemente
muy marginado y esquivado.
Pero luchó hasta finalmente
ganar el campeonato peso medio pesado.
Aun siendo viejo, nunca se dio por vencido
una razón por la cual se siguió su carrera.
Uno de pocos ejemplos de un viejo aguerrido
que demostró que la edad no es una barrera.

Enfrentaba a cualquier oponente
que el deporte tenía que ofrecer.
Siempre fue ese mejor contendiente
que casi siempre iba a prevalecer.
No solamente podía acabarlo
de la forma simple: físicamente.
Sino que también podía lograrlo
de otra forma: psicológicamente.

Noqueó a más humanos
que cualquier otro peleador,
demostrando que como muchos, sus manos
tenían un poder arrollador.
Podían pensar que estaba leído
con su defensa de armadillo.
Pero son su poder naturalmente poseído,
con un solo golpe, podía hacerlos picadillo.

La Mangosta Vieja peleaba con quien podía
y en donde podía hacerlo.
Donde fuera el lugar, combatía
para la afición pudiera reconocerlo.

Un guerrero que recorrió millones de millas,
sin usar la edad como una excusa o queja.
Un corazón de campeón que hizo maravillas.
¿Qué mejor forma de describir a la Mangosta Vieja?

Tributo a Archie Moore

Mantequilla   octubre 2012

Originalmente, es cubano,
En Cuba se ha desarrollado.
Después, se trasladó al territorio mexicano,
donde como ídolo fue adoptado.
Tenía un estilo muy refinado
con una técnica muy decente
mezclada con una pegada potente
que dejaba al rival fácilmente derrotado.

Nadie olvida la leyenda de Mantequilla
y su reinado como campeón welter del mundo
cuando sus rivales sufrían cada astilla
y un momento tormentoso y profundo.
Todos admiraban su tenacidad
mezclada con su habilidad.
Lástima que sus cejas tenían fragilidad,
haciendo que se cortara con facilidad.

Con su izquierda hacia combinaciones
con muchísima fluidez.
Una fluidez de muchas dimensiones
que en estos días raramente vez.
En los welters, Mantequilla tuvo dos reinados,
el segundo siendo más dominante
donde los rivales fueron derrotados
viendo su habilidad, junto con su poder impactante.

Tributo a José Nápoles

El Calderero   octubre 2012
("The Boilermaker")

Como muchos peleadores,
tuvo una corta carrera profesional.
Pero fue suficiente para ganar admiradores
por ser un atleta sensacional.
Lo suficiente para haber logrado
ganar el premio más adorado
en el deporte a nivel rentado:
el campeonato mundial peso pesado.

Con el brazo izquierdo extendido
y el cuerpo un poco agachado a la derecha,
se posicionaba como un hombre herido
al ser impactado como una flecha.
Con ese estilo que ha adoptado
no se sabía si podía usar el jab con certeza.
Pero se veía que cada golpe estaba destinado
para romperle al rival la cabeza.

Pudo haber quedado retirado
con su marca sin estar manchada
pero volvió al círculo cuadrado
para una pelea más, una no recomendada.
El Calderero quería volver a ser campeón.
Quería volver a sentir ese sentimiento.
Pero enfrentó al Gigante de Galveston, un joven león
que lo tenía en ese momento.

Perdió con clarísima certeza.
Sus brillantes herramientas habían mermado,
incluyendo su rapidez y sus reflejos.

Fue como escuchar como una canción sin tempos.
Fue un final lleno de tristeza
para el Calderero, considerado
por muchos expertos de los tiempos viejos
el mejor peso pesado de todos los tiempos.

Tributo a James J. Jeffries

Nadie lo va a olvidar.
Simplemente lo había que idolatrar.
Aunque la gente nunca lo veía noquear,
emocionaba el Luna Park.
No te podías confiar.
En su ataque no era extremadamente implacable
Pero por quince asaltos te podía frustrar,
dejarse conocer como El Intocable.

Quizás no podía acabarte
pero con sus reflejos increíbles fuera de lo normal
y sus espectaculares tácticas defensivas
No se dejaba pegar.
Podía constantemente frustrarte,
haciéndote quedar mal
y dejándote sin alternativas
para ganar.

Su estilo era sorprendentemente emocionante,
aunque no se movía con una tremenda fluidez.
También era increíblemente elegante.
Era uno de esos que en un segundo, ya no lo ves.
Parecía un tipo lento
pero no podías conectarle ni siquiera una derecha.
Estaba siempre en movimiento,
luciendo como una estrella.

Si le tirabas doscientas manos, las esquivaba todas
sin terminar con la cara marcada.
Se perdían por completo tus esperanzas doradas
y tenías tu derrota asegurada.

Era una personalidad que había que admirar.
Una personalidad adorable.
Pero no te convenía nunca subestimar
a esta gran figura conocida como El Intocable.

Tributo a Nicolino Locche

Físicamente, era muy diminuto,
pero con él, no podías lucirte.
En menos de un minuto
podía destruirte.
En cuestión de tiempo, podía ganarte
por la vía del sueño,
recordándote que no podías confiarte
con él porque era pequeño.

Presionaba a su oponente,
causándole muchas pesadillas.
Con su pegada potente,
le quebraba hasta las costillas.
Podías saborear
un sentimiento de la derrota repentino.
Eso hubiese pasado al pelear
con el León Mendocino.

Demostró ser un verdadero guerrero
con dedicación y disciplina.
Él fue un pionero
en el deporte en Argentina.
Le abrió las puertas a la nación
en el mundo del pugilismo.
Gracias a su gran determinación,
no todo fue lo mismo.

Si hay un hecho que no es confidencial
y que quizás no todo el mundo conozca
es que se coronó campeón mundial
en la división peso mosca.
Le demostró a muchísimos
que la nación albiceleste
puede tener logros valiosísimos
en un deporte que se ve hasta en el este

Fue una figura icónica
con una gran trayectoria.
Su carrera fue una crónica
que dejó una linda memoria.
Fue en ser admirado
por cientos de millones.
En su reinado,
atrajo a muchos corazones.

Aunque su carrera como peleador
se había terminado,
siguió siendo considerado un ganador
por dejar un gran legado.
No podías envidiarlo
porque era más pequeño que un canino.
Pero tampoco podías subestimarlo
porque él era el León Mendocino.

Tributo a Pascual Pérez

En el peso pluma, tuvo una época dominante.
Una que raramente se da.
Fue un campeón muy emocionante,
uno de los grandes que dio Panamá.

Hizo diecinueve defensas exitosas,
demostrando que fue un campeón extraordinario.
Tenía unas manos poderosas
aunque su marca de por vida diga lo contrario.

El Alacrán Panameño peleó con grandes de la era,
algunos pasados o futuros campeones,
demostrándole a millones y millones
que estaba dispuesto a enfrentar a cualquiera.

Su rendimiento de pelea mejoraba con seriedad
cuando los últimos asaltos pasaban.
Combatía a veces con suciedad,
pero de todas formas lo admiraban.

Cuando lo veían en el círculo cuadrado,
veían todo su empeño.
Nadie puede olvidar el gran reinado
que tuvo el Alacrán Panameño.

Tributo a Eusebio Pedroza

El Toro   octubre 2012

La estatura que él poseía
era de hasta un peso ligero.
Pero la corpulencia que tenía
era de un peso crucero.
El Toro peleó hasta con un gigante
que medía más de dos metros medidos.
Demostrando que su valentía fue importante,
tan importante como sus títulos defendidos.

Por su altura, no tenía una buena talla,
pero no podías confiarte
porque con su corazón, podía obligarte
a dar una gran batalla.
Todos lo veían pelear muy atentos.
Hasta veían sus peleas en Comodoro.
Ningún argentino olvida los grandes momentos
que nos ha dado el Toro.

Tributo a Marcelo Domínguez

El más grande

Era el jefe de su propia actuación
antes de que la pelea empezara
Su espectáculo estaba hasta en transacción
luego que la pelea terminara.
Todo lo que decía,
lo respaldaba en todo momento.
Antes, cuando y después que combatía,
él era puro entretenimiento.

A todos los medios entretenía.
cuando siempre predicaba.
Era increíble cuando cumplía
con su predicción; no fallaba.
Para cada oponente, tenía un apodo.
Entretenía cuando predicaba.
A cada oponente lo trató a su modo
sin importar lo que la gente pensaba.

Simplemente todo el mundo lo veía
por cada espectáculo que daba.
Era tan bueno hablando poesía
que la prensa lo escuchaba.
Era todo un profeta
que algo para decir tenía.
Todos fallaban en su meta
de detener su charlatanería.

Su plan de ataque era certero
en el círculo cuadrado.
Tenía la velocidad de un peso ligero
y la pegada de un peso pesado.
El rival pensaba en acabarlo
cuando él tenía las manos muy abajo.
Pero él podía frustrarlo
y terminar la noche sin sufrir un tajo.

No sólo era conocido
por ser físicamente impactante.
También era reconocido
por ser mentalmente brillante.
Reinó en tres ocasiones
como campeón peso pesado
Millones y millones
recuerdan cada reinado.

El más grande sorprendió al mundo
cuando nadie le dio una oportunidad,
pensaban que iba a terminar en un abismo profundo
e iba a ser destrozado por unidad.
Pudo recuperar su título
cuando de él fue despojado
por no ir a Vietnam para no tener ningún vínculo
con la guerra que dejó a un país afectado.

Quizás no será considerado
el más grande por muchos historiadores
por lo que logró dentro del círculo cuadrado.
Pero lo será en los ojos de sus seguidores.

Tributo a Muhammad Ali

Ganó el título en el camino.
En el peso mosca tuvo su reinado.
Otro gran ídolo argentino
que fue admirado.
Sus rivales no se confiaban
aunque tenía cara de niño.
Podía pelear aunque lo llamaban
y lo conocían como Roquiño.

No tenía manos de devastación,
pero era un zurdo con mucha habilidad
que podía marcar una gran puntuación
conectando golpes a gran cantidad.
Roquiño se retiró siendo campeón.
Eso no lo hace ninguno.
Apenas uno en un millón.
De un millón, sólo uno.

Tributo a Horacio Accavallo

Su nivel de técnica estaba muy debajo
de lo que estaba esperado.
Pero hacía que el rival cayera abajo
con un golpe fuertemente dado.
Dispuesto a enfrentar a cualquiera,
incluyendo a grandes gigantes.
Se daban cuenta de la clase de pegador que era
al sentir sus manos ultramente impactantes.

Su combate con el Demoledor de Manassa
es un combate muy recordado.
Recuerdan esa vez que él estuvo en caza
del campeonato mundial peso pesado.
Estuvo muy cerca de ganarlo
cuando sacó al campeón del círculo cuadrado
en el primer asalto luego de conectarlo
luego de ser varias veces derribado.

En el asalto siguiente,
volvió a sentir la pegada del Demoledor.
Esta vez, al sentir la pegada potente,
quedó en la lona como un perdedor.
Estuvo muy cerca de ganarlo.
Pensaron que con la fuerza en cada trompazo
podía fácilmente acabarlo,
pero lamentablemente, ese no fue el caso.

Otro gran campeón sin corona,
pero fue un pionero en el deporte de Argentina.
Sencillamente, enviaba al rival a la lona,
dándole de su propia medicina.

Los rivales caían con mucha más rapidez
que al bajar de varias rampas.
Eso les pasaba siempre una vez
los golpeaba el Toro Salvaje de Las Pampas.

Tributo a Luis Ángel Firpo

El Látigo era un zurdo que demostraba
un estilo descrito metódicamente
pero con sus dos manos derrotaba
al rival con claridad generalmente.

Ganó el título mundial súper ligero
del mundo en tres ocasiones.
Los aficionados que querían a este guerrero
no eran miles, sino millones.

Si el título lo tuvo que ceder,
de alguna manera pudo volver a ganarlo.
Siempre se sobreponía de perder
para ir tras el título y recuperarlo.

Era un ídolo muy admirado
que todo el mundo quería.
No sólo en Argentina era idolatrado.
Hasta en Europa la gente lo veía.

Todo el que fue su fanático
vio que su izquierda tenía tanta potencia
que al conectarla, El Látigo
causaba más que una simple dolencia.

Tributo a Juan Martín Coggi

En la división súper mosca, tuvo un reinado
en el que cada rival quedó destruido.
Era igual que el gran campeón peso pesado
que fue internacionalmente conocido.
Un hombre con una corpulencia delgada
como todo combatiente en los pesos chiquitos.
Pero con su demoledora pegada,
destruía el rival en muchos pedacitos.

Al principio de su gran carrera,
perdió solamente una vez.
Después ganó hasta final probando que era
como le decían: El Tyson Tailandés.
En ocasiones a la lona lo han enviado,
pero permanecía ahí temporeramente.
Y en esas ocasiones se ha levantado
para ganar estupendamente.

Un zurdo que al conectar su recta,
el rival quedaba en la lona sin esperar un almohadón.
En su largo reinado, tuvo una marca perfecta,
logrando retirándose como campeón.
Quien pensaba que iba triunfando
ante este demoledor, le pasaba todo al revés.
Eso era lo que terminaba pasando
cuando combatían con el Tyson Tailandés.

Tributo a Khaosai Galaxy

El Terrible

Pudo ganar campeonatos mundiales
en cuatro divisiones de peso distintas.
Sus victorias fueron sensacionales
mientras que sus rivales quedaban como especies extintas.

Otro de los mejores que Tijuana
jamás ha producido.
La gran nación mexicana
aplaudió cada triunfo que ha conseguido.

Cuando conectaba su "Terribleña",
el oponente quedaba tan impactado
que pensaba que un enorme pedazo de leña
vino en medio de la nada y lo ha azotado.

Como súper gallo, tuvo un reinado
donde dominó de modo arrollador.
Aunque en los otros reinados, es recordado
por demostrar su poder abrumador.

Cualquiera que lo enfrentaba,
terminaba con una memoria horrible.
Eso era lo que a todos les pasaba
cuando peleaban con El Terrible.

Los mexicanos que lo vieron fueron millones,
como con grandes campeones de ese país ha pasado.
Lástima que como muchos campeones,
siguió cuando su esplendor ya había terminado.

Tributo a Erik Morales

Era un hombre muy limitado
cuyas habilidades mucho no han crecido.
Pero fue un peleador determinado
que nunca se dio por vencido.
Un veterano llenó de determinación
que puso en alto a Santa Fe.
Podemos decir que su corazón
era el de un luchador de matiné.

La pegada en sus manos no se sentía,
pero al ganar el título welter del mundo,
demostró que usó más que valentía
luego de pelear en mediomundo.
Pese a varias derrotas al comienzo de su trayectoria,
acumuló victoria tras victoria para buscar su destino
hasta que finalmente lo logró, dándole gloria
y muchísima alegría al pueblo argentino.

En el círculo cuadrado,
demostró que tuvo su limitación.
Pero demostró que un sueño puede ser alcanzado
con mucho trabajo y dedicación.
Su historia es como una serenata
que vale la pena oír con sinceridad.
Así se puede definir la hazaña del Tata
que logró la suya pese a la edad.

Tributo a Carlos Baldomir

Puño de Hierro   octubre 2012
("Ironfist")

Sus puños tenían más fortaleza
que la que tiene un cencerro.
Todos ven una victoria con firmeza
del hombre apodado Puño de hierro.
No sólo era un gran peso pesado,
sino que, al igual que su hermano, era un gigante
que en el círculo cuadrado,
tenía una mente brillante.

Ganó la corona más grande y apreciada
no en dos, pero en tres ocasiones
en una carrera que en su momento estuvo plagada
por el peor enemigo del deportista: las lesiones.
Es una plaga que pudo por suerte superarla
y seguir haciendo a lo que está acostumbrado:
dominar la pelea técnicamente y luego acabarla
antes del número de asaltos pactado.

Hasta en su país natal Ucrania saben quién es.
Un hombre que peleaba con una inteligencia
que en los pesos pesados raramente ves.
Derrotaba a sus rivales con astucia y sin clemencia.
Todo el que haya sido noqueado
vio que era un gigante hecho de fierro.
Era uno con técnica apodado
justamente Puño de Hierro.

Tributo a Vitali Klitschko

Dr. Martillo de Acero   octubre 2012
("Dr. Steelhammer")

Al igual que Puño de Hierro, su hermano mayor,
era también un gigante superdotado.
En ambos puños, tenía un poder devastador
que dejaba al rival rápidamente acabado.
Al igual que su reconocido hermano,
ganó en un par de ocasiones el título peso pesado,
alegrando mucho a su país ucraniano
desde su época como aficionado.

Con su demoledora pegada
dejaba a un oponente derribado.
Como muchos grandes, su quijada
no tenía el poder exactamente igualado.
Tenía un jab y una derecha potentes
y una técnica con elegancia.
La mayoría de sus oponentes
no podían durarle la distancia.

Se nota que entrenaba sin cansancio
y no descuidaba la condición en ningún momento.
Se veía que se dedicaba mucho al gimnasio
sin perder su acondicionamiento.
Cuando hay que prepararse,
su proceso de entrenar era muy sincero.
El rival se daba cuenta tarde al enfrentarse
al Dr. Martillo de Acero.

Tributo a Wladimir Klitschko

El Destructor Moreno   octubre 2012

Muchos conocidos contendientes
y algunos que ganaron el campeonato
recuerdan los golpes infinitamente hirientes
de este gran noqueador nato.

Algunos grandes lo recuerdan como el pegador
más grande que han enfrentado.
Tenía en ambas manos un poder devastador
como muchos en la división peso pesado.

No tenía muy buena puntería.
Pero siempre iba tras su oponente,
quien rápidamente caía cuando sentía
su poder, especialmente en su derecha potente.

Nunca ganó el campeonato peso pesado,
aunque lo recuerdan por su pegada.
Pero su nivel de resistencia estaba muy limitado
y tenía una mandíbula debilitada.

Todo el que sintió su pegada,
la sintió hasta en el duodeno.
Nadie tenía una excusa inventada
al ser golpeado por el Destructor Moreno.

Tributo a Earnie Shavers

Cada vez que mencionan al Guerrero,
recuerdan su dominio como peso pesado
luego de ser campeón en la división peso crucero
donde tuvo un muy buen reinado.

No podía ser fácilmente derribado
aunque recibiera golpes de a montones.
Es el único campeón mundial peso pesado
en ganarlo en cuatro ocasiones.

Simplemente no podía ser intimidado.
Hasta el hombre más malo del planeta,
como conocían a Mike de Hierro, lo ha tratado.
pero no pudo cumplir con su meta.

Su gran negativa a rendirse
fue otra grandiosa habilidad
que tuvo, pero llegó a convertirse
también en su debilidad.

Aun cuando El Guerrero ya era un longevo león,
siguió demostrando en el círculo cuadrado
las habilidades y coraje que lo volvieron campeón.
Aun cuando hace tiempo debió haberse retirado.

Tributo a Evander Holyfield

El Huracán   octubre 2012

Fue en el peso mosca donde mantuvo
su mejor y más grande reinado.
Uno de los grandes técnico que el deporte tuvo
con un estilo muy depurado.

Tiene esa defensa muy cerrada
y una técnica muy implacable.
Y ataca con cada ráfaga inesperada
que la rapidez es envidiable.

En la división súper mosca, también fue afortunado
porque también se coronó campeón.
Y siguió siendo ese hombre dedicado
con un corazón de león.

Argentina tiene otra página dorada,
una de esas que no siempre se dan.
Por eso es que olvidará a la figura apodada
y recordada como El Huracán.

Tributo a Omar Narváez

Mandrake era un peleador súper dotado
con una gran técnica admirable.
En varias ocasiones ha sido comparado
con su ídolo El Intocable.
Lo demostraba todo en el círculo cuadrado,
aunque tenía una pegada leve.
Es una lástima que su reinado
en la división peso súper mosca fue muy breve.

Cuando combatía este gran campeón,
era como ver una musicalidad
que no se ve en un acordeón
debido a su gran habilidad.
Al combatir, podía pasar cada asalto
sin que el rival lo mantuviera en jaque.
Argentina tuvo otro ídolo que la puso en alto.
Fue este genio apodado Mandrake.

Tributo a Gustavo Ballas

Llevó a El más grande a la distancia.
en la meca neoyorquina y pudo hasta derribarlo.
No obtuvo una victoria con extravagancia,
pero se atrevió a enfrentarlo.
Aunque fue un conocido contendiente,
no ganó el campeonato mundial peso pesado.
Pero los más grandes lo consideran como oponente
uno de los mejores que han enfrentado.

Su estilo incómodo estaba combinado
con su personalidad y carisma.
Desde que él y otros se fueron, la división peso pesado
ya no es la misma.
Su estilo no tenía hermosura
ni muchísimos menos fineza.
Pero estaba lleno de bravura
y podía imponer su fortaleza.

Es una tristeza descomunal
que Ringo murió abruptamente.
Por causas del destino, tuvo ese final
que lo impactó inesperadamente.
Perteneció a un gran capítulo dorado
que Argentina tomó en consideración.
Ringo fue, es y será siendo un ídolo recordado.
Cada argento tiene de él una memoria en su corazón.

Tributo a Oscar Bonavena

Fue otro gran peso pesado
que no pudo ganar el campeonato del mundo.
Podía atacar en el círculo cuadrado
sin que le diera un ataque interno iracundo.
Llegó a desafiar por el campeonato
mundial peso medio pesado.
Logró durar un muy buen rato
aunque no pudo haberse coronado.

No tenía el estilo más emocionante,
pero enfrentaba cualquier reto.
Al pelear, tenía un estilo tan elegante
que parecía que escribía un soneto.
Goyo se atrevió a arriesgarse
a enfrentar hasta el más grande pegador.
Con los mejores en el extranjero fue a probarse
aunque en ocasiones resultó ser el perdedor.

Argentina tuvo indiscutiblemente
otro ídolo deportivo de su generación.
Fue un peleador cordialmente
querido que la afición tomaba en consideración.
Con su ataque de estilista,
podía dejarte con cualquier hoyo.
Uno tenía que hacer realista
y apreciar lo que demostraba Goyo.

Tributo a Gregorio Peralta

Originalmente de Estados Unidos,
fue de esos buenos contendientes que se dan.
Muchos terminaron destruidos
al ser golpeados por el hombre apodado Huracán.

No ganó el campeonato mundial peso mediano,
aunque en su oportunidad ha fracasado.
Con su ataque y poder en cada mano,
podía dejar al rival derribado.

Su vida, al igual que su carrera, fue arruinada
por un triste y falso enjuiciamiento,
que fue lo que lo llevó a una jornada
de años de encarcelamiento.

Por años, estuvo injustamente encerrado,
pero nunca se dio por vencido
hasta que su vasto deseo de ser liberado
fue merecidamente concedido.

Fue peor que recibir un golpe recto
al ser víctima de esa inmundicia.
La historia de Huracán es un ejemplo perfecto
de los defectos que tiene el sistema de justicia.

Tributo a Rubin Carter

Ganó campeonatos en dos divisiones
con su velocidad relampagueante.
Podía tirar golpes de a millones
aunque la pegada no era tan impactante.

Podía tirar combinaciones inesperadas
en tan sólo un segundo,
lo que lo llevó a muchas peleas ganadas
a algunos campeonatos del mundo.

Demostraba todas sus habilidades
pero se ponía a pelear para demostrar su valentía
intercambiando y tirando golpes en cantidades
y a veces cuando no le convenía.

Cualquiera recuerda la gran actuación de TNT
al enfrentar al gran campeón mexicano,
ídolo indiscutible de México apodado J.C..
Demostró hasta su espíritu filadelfiano.

Ambos eran campeones con marca perfecta.
Demostró que era un hábil guerrero,
pero en los segundos finales, cayó con una recta
y perdió el campeonato súper ligero.

A partir, empezaron a disminuir
esas habilidades que tenía, unas de matiné.
En su esplendor, nadie podía huir
de la velocidad del grande que era puro TNT.

Tributo a Meldrick Taylor

Cuando subía al círculo cuadrado,
demostraba toda su explosión
con tal de ver a su oponente acabado
sin sentir ninguna conmoción.
Combatió generalmente en el peso medio
donde destruía a cualquiera.
Le podía causar al rival un daño serio
al pegarle en cualquier parte que le doliera.

En su primera oportunidad titular
contra el entonces campeón apodado Maravilloso
tuvo una gran parte espectacular
al tumbarlo con un derechazo poderoso
en el primer asalto, pero no fue suficiente.
Trató de ganar el campeonato peso mediano,
pero el campeón fue el sobreviviente.
Los esfuerzos de Martillo quedaron en vano.

Tuvo otras dos oportunidades.
Estuvo otra vez cerca de lograrlo.
Pero enfrentó hombres con mejores habilidades.
Por eso, su sueño no pudo alcanzarlo.
Aunque no fue nada sencillo,
dejó con memorias a muchos santafesinos.
Las anécdotas de este grande apodado Martillo
estarán siempre en la memoria de los argentinos.

Tributo a Juan Domingo Roldán

Nadie sufría una herida seca
con este demoledor en el peso gallo,
con el típico coraje de un azteca.
Sus puños causaban más daño que un rayo.

Su gancho de izquierda y derecha
eran ambas armas letales.
Quien la recibía, se convertía en un alma maltrecha
que sufrió varias caídas fatales.

Este increíble noqueador nato
que peleó en un peso pequeño
retuvo una y otra vez su campeonato,
reteniéndolo siempre por la vía del sueño.

En intentó, llegó a desafiar
a Bazooka por el título de su división.
En su pegada no pudo confiar
para derrotarlo y sucumbió ante su munición.

Defendió su auténtica corona
en su peso original.
Su reinado terminó permanentemente en la lona
al sufrir una injusta decisión descomunal.

En un deporte con muchos contactos,
demostraba muchas mañas.
No se cambiarán los estándares intactos
de este grande apodado Cañas.

Tributo a Carlos Zárate

Con el paso del tiempo, ha mejorado
pese a que tuvo un flojo comienzo,
demostrando que no era un peleador asignado
para prospectos en ascenso.

Su pegada, sobre todo su gancho de izquierda, era explosiva.
Quien enfrentaba a Pipino y la sentía,
caía a la lona de manera compulsiva
y eso era siempre una garantía.

Es en los welter donde se ha consagrado
y retuvo por largo rato su corona.
México siguió de cerca su reinado
donde cada retador terminó en la lona.

Su reinado se terminó al ser derrotado
rápidamente por una joven cobra.
Algunas derrotas más se han acumulado
y se pudo retirar cuando supo que le llegó la hora.

Varias derrotas al comienzo y fin de su carrera,
pero en su esplendor, era un asesino.
Un campeón con gran pegada, en su esplendor, eso era:
Así los mexicanos, recuerdan a Pipino.

Tributo a Pipino Cuevas

Tributo a Palma   octubre 2012

Sus manos no tenían poder abrumador
pero tenía el corazón de un semental.
En el círculo cuadrado, tenía un estilo fajador
y claramente temperamental.

Lo que ganó con su estilo frontal y aguerrido
fue el campeonato mundial peso súper gallo.
Fue una alegría hasta para todo argentino nacido
en el lindo mes de mayo.

Cuando veías a este grande boxear,
sabías que no atacaba con mucha calma.
Todo argentino lo sabía al ver pelear
a este gran campeón llamado Palma.

Tributo a Sergio Víctor Palma

Una vez tiraba golpes, no paraba
para nada una vez la campana sonara.
Tiraba y conectaba, conectaba y tiraba
hasta que el asalto terminara.
Era un ritmo que nunca se detenía
Medía el reloj con cada golpe.
Parecía un caballo que no se rendía
una vez daba el primer galope.

Imponía su voluntad hacia su oponente
con tal de dejarlo acabado.
Si no lograba lo que tenía en mente,
lo dejaba claramente golpeado.
Al ir tras el rival como una locomotora
con ese estilo, lo sofocaba.
Cuando lo hacía de esa forma abrumadora,
casi siempre ganaba.

Tuvo unos logros fenomenales
al imponer su voluntad constantemente.
Es el único en tener campeonatos mundiales
en tres divisiones simultáneamente.
El rival casi nunca podía sobrevivir.
Ni una frase ni el mejor refrán
poder servir en este caso para describir
lo que logró el Huracán Hank.

Tributo a Henry Armstrong

Gran Papi   octubre 2012
("Big Daddy")

Gran Papi era un gigante
que impactó la división peso pesado.
Era un peleador emocionante
en el círculo cuadrado.

Para un hombre de su tamaño,
podía pelear hasta desde adentro
y causar un gran daño
y terminar con su mano alzada en el centro.

Su potencial pudo llegar más lejos
si hubiese sido más dedicado.
Algo que con el tiempo afectó sus reflejos
y luciera prematuramente deteriorado.

Fue lo suficientemente afortunado
en ser uno de pocos en retirarse
tras ser una sola vez derrotado,
algo que quizás no era de esperarse.

Gran Papi es uno de varios ejemplos legítimos
de que no basta con un corazón de león
y se necesita más que talentos físicos
para convertirse en un gran campeón.

Tributo a Riddick Bowe

Originalmente es británico.
Para ser físicamente un gigante.
No tenía la técnica de un lunático,
sino la técnica de alguien brillante.
Usaba el jab efectivamente.
para un peso pesado.
Al conectar la derecha rotundamente,
al oponente terminaba noqueado.

En solamente dos ocasiones
el León ha sido derribado
perdiendo dos veces ante la vista de millones
el campeonato mundial peso pesado.
Cuando cayó esas dos veces a la lona,
cayó a la lona sorpresivamente.
Dos veces que perdió la corona
mundial inesperadamente.

En dos ocasiones pudo recuperarlo
para culminar su carrera con tres reinados,
haciendo varias defensas para conservarlo
y aún estar entre los mejores pesos pesados.
Es uno de los muy pocos en la división peso pesado
en retirarse del deporte como campeón.
En cuanto a gigantes en el círculo cuadrado
con habilidad, pocos fueron como El León.

Tributo a Lennox Lewis

Quienes recuerdan al Hombre Cenicienta
recuerdan cuando llegó a la cumbre
en dura década de los treinta
pese a duros momentos de incertidumbre.
Ganó el campeonato mundial peso pesado
cuando nadie le dio una oportunidad.
Todos pensaban que terminaría acabado
y la oportunidad resultaría en inutilidad.

Era un amplio desfavorecido
ante un campeón con más fuerza y juventud.
Pero no se dio por vencido
y demostró una gran virtud
que uno tiene en el círculo cuadrado:
una incalculable perseverancia
ante un campeón que lo ha subestimado
y atacó con un poco de vagancia.

Pese a muchas derrotas acumuladas,
hizo ese regreso dramático,
emocionando a cada fanático
que celebró su triunfo desde las gradas.
En esa década de la Gran Depresión,
escucharon la histórica hazaña por la radio
o vieron esa gran sorpresa en el estadio.
El Hombre Cenicienta fue un ejemplo de superación.

Tributo a James J. Braddock

Ciclón

Fue en el peso medio
donde Ciclón tuvo dos reinados
A pesar de su estilo serio,
fue uno de los más subestimados.
En cuanto a fineza, él tenía carencia
como lo ha demostrado
Pero con ese estilo, atacaba sin clemencia
como un ciclón que aún no ha parado.

Peleó con el mejor en la historia
libra por libra en el mundo
donde tuvo su momento de gloria.
Con su ataque iracundo,
le causó grande sufrimiento
al gran que era poesía en movimiento.
Peleó con él cuatro veces,
propinándole dos reveses.

Como ha sucedido, su primer reinado
en el peso mediano terminó rápidamente
tras ser por primera vez noqueado
por un gancho de izquierda conectado dulcemente.
Pero su segundo reinado como campeón
duró por suerte longevamente.
Por desgracia, la leyenda de Ciclón
no se recuerda adecuadamente.

Tributo a Gene Fullmer

Nadie duda de su grandeza como peso mediano
era capaz de demostrar paciencia,
podía boxear como un artesano
y pelear con mucha inteligencia.
Podía hacer cualquier adecuado.
Podía ser más astuto que el oponente.
A lo largo de su carrera, fue subestimado
todo el tiempo, continuamente.

El Verdugo tenía un poco de cada cosa,
así se describe su estilo de pelea.
Esa habilidad era tan asombrosa
que es raro que en todos los peleadores se vea.
Fue ese estilo impredecible
que lo llevó a un longevo reinado
peleando con quien estuviera disponible
y a muchísimos ha derrotado.

Tuvo dos decenas de defensas exitosas,
luciendo como un campeón peso mediano admirable
luciendo en condicionas asombrosas
haciendo que la edad no fuera notable.
Luego de que su reinado dominante
como campeón mundial peso mediano ha culminado,
tuvo una actuación emocionante
al ganar el campeonato peso medio pesado.

Demostró que la edad no es impedimento
para lograr triunfos lógicos.
Hasta los buenos hábitos son parte del entrenamiento.
Eso demostró el Verdugo para vencer los pronósticos.

Tributo a Bernard Hopkins

Se puede decir que era considerado
un tipo completamente vivo.
Pero en el círculo cuadrado,
era extremadamente elusivo.
Se le conocía por su velocidad
que te podía enceguecer.
Podía pelear con agresividad
y atacar con golpes que uno no podía ver.

Fue sin duda otro de los mejores
que ha dado la isla de Puerto Rico
Ha enfrentado con los mejores peleadores
e hizo lucir casi cada uno como un simple chico.
Fue uno de los muy poquísimos
en ser campeón mundial en tres divisiones diferentes.
Le dio a su país triunfos valiosísimos
al enfrentar a los mejores oponentes.

Una figura extrovertida con arrogancia
y actuaba como un muchacho.
Pero peleaba con elegancia
y demostraba por qué le decían Macho.
Quienes vieron a Macho, veían sus métodos tácticos.
"Es hora de Macho", así siempre lo anunciaron.
Como muchos campeones fantásticos,
siguió cuando sus mejores tiempos ya pasaron.

Tributo a Héctor "Macho" Camacho

Su poder era más que duro
de lo que todos imaginaban.
Conocido como el Destructor Oscuro,
así era como lo llamaban.
Era uno de esos pegadores fantásticos
que demostraban explosividad.
Volvía loco a los británicos
cuando los noqueaba con facilidad.

Su reinado en el peso mediano
fue uno que fue limitado.
Pero es su reinado en el peso súper mediano
el que más se ha prolongado.
Él siempre llamó la atención
cuando tuvo esos dos reinados.
Cuando atacaba a los rivales sin detención,
los dejaba noqueados.

En su carrera, hubo muy pocas veces
en las que él fue derribado.
Pero en esas ocasiones, evitó sufrir reveses
levantándose y terminar con el triunfo asegurado.
Para una carrera que duró una década,
demostró que tenía poder puro.
Puños que tenía una almádana.
Eso tenía el Destructor Oscuro.

Tributo a Nigel Benn

El Tyson de Abasto   noviembre 2012

Lo conocían apropiadamente
como el Tyson de Abasto.
Sus rivales caían muy rápidamente
al sentir su poder en ambos puños que era vasto.

Viajó a un oriente de siete mares
para consagrarse campeón mundial peso crucero
para demostrarle a la provincia de Buenos Aires
que era un campeón verdadero.

Al ganar el campeonato mundial, le dio
otro momento glorioso a Argentina.
Es una pena que luego de que lo perdió,
se retiró por un tiempo de la disciplina.

Le dio al país otro capítulo dorado
al volver y consagrarse nuevamente.
demostrando por qué fue bautizado
el Tyson de Abasto merecidamente.

Tributo a Víctor Emilio Ramírez

Todo el que sintió la pegada descomunal
de este grande apodado Lita
terminó sufriendo un rápido final,
mientras él gozaba la conclusión bonita.

Un púgil que era consistente
cuyo tiempo como profesional fue limitado.
Sin embargo, para él, fue suficiente
para consagrarse campeón mundial peso medio pesado.

Se consagró campeón ganándolo
con un triunfo antes del límite espectacular.
Desafortunadamente, terminó perdiéndolo
en su primera defensa titular.

Al ganarlo, alegró a Santa Fe
y a Argentina con ese momento de gloria.
Pero lo perdió en lo que fue
la única derrota y última pelea de su corta trayectoria.

Tributo a Miguel Ángel Cuello

Usaba su izquierda perfectamente
y también tenía buena táctica.
muy bueno técnicamente;
podía dar una lección fantástica.

Con su ataque certero,
derrotó a un bravo estadounidense
para el campeonato mundial súper ligero
y enorgullecer a su pueblo marplatense.

Aunque lo perdió en su primera defensa titular,
los argentinos que lo idolatraron fueron millones.
A pesar de terminar su carrera espectacular,
muchos recuerdan sus talentos buenísimos.

Tributo a Ubaldo Néstor Sacco

Corro no era un tremendo pegador,
pero era conocido como un gran estilista.
Tenía buena habilidad como contragolpeador
y un excelente tiempista.

Demostró que no era un púgil promedio
Era de buena escuela mendocina.
Al ganar el campeonato mundial peso medio,
le trajo alegría y gloria a Argentina.

La gran atmósfera pugilística
recuerda lo que Corro ha logrado.
Recuerda cada fina clínica
que daba en el círculo cuadrado.

Tributo a Hugo Pastor Corro

Al empezar la pelea, mostraba su estilo aguerrido
para mostrarle a su rival todo su poderío.
Ese estilo frontal era muy querido
por los fanáticos que formaban un gentío.

Pudo tener una oportunidad merecida
por el campeonato mundial peso ligero
pero una grave enfermedad acabó con su vida
y envió su sueño permanentemente al vertedero.

Argentina lloró la abrupta partida
de una carrera llena de expectativas
y estaba en el proceso de ser más colorida,
aunque fue una de las primeras figuras deportivas.

En su época, él poseía un coraje y valentía
como la tenían pocos peleadores verdaderos.
Las agallas que tienen los púgiles de hoy en día
le sobraban al Torito de Mataderos.

Tributo a Justo Suárez

Empezó con un reinado en el peso júnior ligero
donde surgió su trayectoria brillante
La época contemporánea no tuvo un guerrero
que fuera tan y tan emocionante.
Luego, se consagró campeón peso súper ligero
donde también tuvo un buen reinado.
Siempre demostró una voluntad de acero
que mantenía al público emocionado.

Una vez, con la vista en un solo ojo,
estaba a punto de perder el título del mundo
aunque tuvo algún momento flojo
pasando por un sufrimiento profundo.
Aun teniendo un ojo tapado,
con un gancho de izquierda demoledor
dejó a su oponente noqueado,
terminando siendo el ganador.

Los fanáticos veían como él imponía
su voluntad al adversario.
Para ganar, cualquier cosa hacía,
incluyendo a veces recibir castigo innecesario.
No lo apodaron Trueno por cualquier motivo.
Se lo ganó por todo lo que ha logrado.
La afición veía un combate más que emotivo
al ver a Trueno pelear en el círculo cuadrado.

Tributo a Arturo Gatti

Muchísimos se impresionaron
con su pegada en ambas manos.
Sus victorias rápidas alegraron
a sus compatriotas mexicanos.

Aunque peleaba como mini mosca,
con él nunca podías confiarte.
Siempre te demostraba su hostilidad hosca
y con un buen golpe, podía noquearte.

Era un diestro originalmente,
pero podía pelear en ambas posiciones
y lo hacía perfectamente
mientras tiraba combinaciones.

Como minimosca, tuvo tres reinados
con varias defensas titulares.
Ha enfrentado a oponentes respetados,
consiguiendo victorias espectaculares.

Quien sentía su pegada,
terminaba hecha un alma en la lona acostadita.
Eso pasaba al enfrentar esta figura apodada
y recordada como Chiquita

Tributo a Humberto González

Un honor a Zamora   noviembre 2012

Fue otro noqueador en el peso gallo
que en segundos podía aniquilarte.
Con sus puños, le causaba cada cayo
al rival en cualquier parte.

Este gran noqueador nato
tuvo como campeón mundial un reinado
que duró un largo rato
con cada retador sencillamente acabado.

Sólo uno le duró la distancia
cuando sus reflejos empezaron a deteriorarse.
Cuando algunas derrotas se acumularon sin tolerancia,
aun siendo joven, decidió retirarse.

En algún momento, uno siempre se descuidaba
cuando le tocó pelear con Zamora.
Quien sentía su pegada luego de que la probaba,
ya sabía muy bien que le llegaba la hora.

Tributo a Alfonso Zamora

Tenía un estilo no tan escurridizo
con la guardia siempre muy baja.
Pero enviaba el rival al piso
convirtiéndolo en pedazos paja.
En el peso pluma, fue una gran figura
que dominó el círculo cuadrado.
Para hacerle pasar al rival una tortura
no se tardaba demasiado.

Hacía unas entradas con extravagancia
al dirigirse al ring con hasta cosas brillantes
Demostraba mucha arrogancia,
pero era grandioso con los guantes.
Con ambas manos pegaba
impactando rotundamente.
Al derribar al rival, lo liquidaba.
No solo eso. Lo hacía rápidamente.

En su carrera, perdió una sola vez
sin dejar de ser un peleador carismático.
No es recordado en su país inglés,
sino que lo recuerdan también todos los británicos.
El oponente terminaba como un títere
que no se podía arreglar ni con silicona.
Al enfrentar al grande conocido como Príncipe,
terminaba así, más permanentemente en la lona.

Tributo a Naseem Hamed

Peleaba con más agresividad
que una grosca.
Podía pelear con hostilidad
como lo hizo en el peso mosca.

No tenía una fuerte pegada,
la mayoría de sus peleas duraron la distancia.
Pero con una táctica bien demostrada,
peleaba y atacaba con elegancia.

Al pelear, siempre era el enano,
luciendo ante al rival como una miniatura.
Pero como el típico púgil mexicano,
siempre demostraba mucha bravura.

Hasta él era el pigmeo
durante su largo reinado.
Le dio una lección de boxeo
a sus retadores en el círculo cuadrado.

Trabajaba con un volumen agresivo
y una técnica que a veces se ve en un buen diestro.
Muchos recuerdan hasta el trabajo defensivo
que logró en el ring la figura apodada El Maestro.

Tributo a Miguel Canto

Tiene un apodo similar
al legendario púgil panameño.
Al igual que él, podía terminar
la pelea por la vía del sueño.

Quien lo enfrentó sintió su pegada
aunque peleó en un peso chiquito.
Al conectarle un buen golpe en la quijada,
el rival no tenía un final bonito.

En el peso mini mosca, tuvo cuatro reinados
en los cuales siempre fue una atracción.
La última vez que lo ganó, los aficionados
lo vieron dar su espectáculo final de acción.

Para pelear en los pesos más inferiores,
fue una de pocas grandes atracciones.
Fue otro de esos grandes peleadores
que eran hábiles y tiraban combinaciones.

Pocos superaron el ataque enfurecido
de esta pequeña motosierra.
Por una buena razón, es conocido
como las Manitas de Piedra.

Tributo a Michael Carbajal

Lo han apodado El Feo quizás por la apariencia
que tenía en sus rasgos faciales.
Pero él tenía un estilo con decencia
y con habilidades fenomenales.
Aunque había pruebas de que pegaba duro,
pero tenía un buen movimiento defensivo
y se movía alrededor como un canguro,
convirtiéndose en un blanco elusivo.

Fue en los welter donde tuvo su mejor momento
y tuvo como campeón un reinado cortísimo.
Siempre demostró esa fluidez y desplazamiento.
Al tirar golpes, era rapidísimo.
Uno de los grandes con más elegancia
que vinieron del territorio cubano.
Podía ganar durando la distancia
demostrando la técnica de un artesano.

Pese a su trayectoria dorada,
es un hombre olvidado por viejos aficionados
en un deporte con una lista acumulada
de grandes púgiles subestimados.
Peleó desde en los welter hasta en los medianos,
dándole a cientos cátedras de boxeo.
Uno de los mejores deportistas cubanos;
esa es la mejor forma de referirse a El Feo.

Tributo a Luis Manuel Rodríguez

No le decían El Ratón por cualquier motivo.
No tenía una pegada tan impactante,
pero era un zurdo con un jab efectivo
y una técnica fascinante.

Él no era un guerrero ordinario.
Si él tenía que fajarse,
se ponía guapo con el adversario
pese a su tendencia a cortarse.

Tuvo un reinado como campeón mundial peso gallo,
pero uno que duró sólo un par de meses.
Pero en la división peso súper gallo
donde tuvo mejor suerte y reinó tres veces.

En la última pelea de su carrera,
un joven león le arrebató el título.
El público lo respetó por el guerrero que era
pese a que su carrera culminó con ese triste capítulo.

Peleo en varios países diferentes
donde pudo demostrar su don
y enfrentó a los mejores oponentes.
Cada país donde peleó tiene una memoria de El Ratón.

Tributo a Daniel Zaragoza

En la historia del círculo cuadrado,
fue uno de los más carismáticos.
Él es hasta muy recordado
por sus movimientos acrobáticos.
Siempre vestía un pantalón extravagante
antes de comenzar a pelear.
Pero era un hombre emocionante
que estaba siempre dispuesto a guerrear.

A veces hacía una monería
cuando estaba en el ring combatiendo.
Y aun así, la fanaticada lo quería
porque él los estaba entreteniendo.
En el peso pluma, tuvo su reinado,
con Mexicali siempre apoyándolo.
No solamente eso ha pasado.
Hasta todo México estuvo admirándolo.

Cuando enfrentaba al oponente,
no sólo evitaba sus golpes y los eludía.
Ibas tras él, teniéndolo de a frente,
aunque hubieran golpes que recibía.
Además de tener un estilo extrovertido,
demostró siempre que era un guerrero,
dejándolos con una memoria de un ídolo conocido
como El Marimero.

Tributo a Jorge Páez

Trueno desde abajo ("Thunder from under")
noviembre 2012

En el círculo cuadrado,
era un hombre bien acondicionado.
Fue un púgil muy disciplinado
desde su época como aficionado.

Proveniente de buena escuela soviética
donde se volvió un peleador sensacional.
Uno de pocos rusos con buena técnica
que decidieron pelear a nivel profesional.

Fue uno de esos hombres dedicados
que no envió su talento al basurero.
Un talento que lo llevó a dos reinados
como campeón mundial peso súper ligero.

Tenía unos reflejos buenísimos
y una derecha muy poderosa.
Quien la sentía, junto con otros golpes fuertísimos,
caía a la lona de forma tenebrosa.

Se puede decir que en ningún momento
el oponente no se salvaba ni con un atajo
una vez recibía un derechazo violento
del hombre apodado Trueno desde abajo.

Tributo a Kostya Tszyu

Además de pegada, era un técnico magnífico,
uno de esos que no siempre aparecía.
Ni siquiera el mejor poeta lírico
podía describir las cualidades que tenía.

Como súper mosca, fue dos veces campeón del mundo
defendiéndolo en muchísimas ocasiones.
Demostró que fue un verdadero trota mundo
recorriendo las millas de a millones.

Lástima que su vida culminó abruptamente
en un accidente automovilístico.
Fue una triste pérdida claramente
notada en el mundo pugilístico.

Un grande en todo sentido,
uno de esos que no siempre se dan.
México nunca tendrá en el olvido
a este grandioso llamado Román.

Tributo a Gilberto Román

El Gallo de Oro   noviembre 2012

El Gallo de Oro, en su pantalón blanco,
que era su vestimenta tradicional,
hacía al rival lucir como si cayó desde un barranco
con un ataque que era multidimensional.
Además de grandes habilidades defensivas,
de un golpe podía enviar al rival a la vía del sueño.
Esas cualidades, aparte de sus tácticas ofensivas,
lo llevaron a ser considerado el mejor púgil brasileño.

Primero fue campeón peso gallo del mundo
poniéndolo en juego ante cualquiera.
Como pocos, fue un conocido trota mundo
dispuesto a combatir en donde fuera.
Perdió el campeonato ante un japonés
que fue el primero en derrotarlo.
Para recuperarlo, enfrentó al nipón otra vez,
pero falló en volver a ganarlo.

El Gallo de Oro anunció su retiro
sin olvidar a los que lo admiraban,
para darle su cuerpo un suspiro
y sus manos se aliviaran.
Volvió para demostrar sus habilidades llamativas
y ganar el título mundial peso pluma. Aún era
el mismo grande. Ganó muchas peleas consecutivas
más para concluir su extraordinaria carrera.

Tributo a Eder Jofre

La victoria rápida siempre llegaba
para él con muchísima facilidad.
A casi todos los noqueaba
además de mostrar su agilidad.

Con una derecha de dinamita pura
y movimientos notados audazmente,
Chapo hacía al rival causar una ruptura
en la lona al caer en ella malamente.

Su derecha era su arma más potente.
Pero su mano izquierda también podía
causarle problemas al oponente
y todo el ambiente en el estadio lo sabía.

Como campeón mundial peso ligero,
el grande apodado Chapo reinó tres veces.
Lástima que su reinado como súper ligero
duró menos que una bolsa de nueces.

Es recordado muy cariñosamente
como un ídolo boricua admirado.
Como otros tristes casos, culminó abruptamente
por tomar el camino equivocado.

Tributo a Edwin "Chapo" Rosario

Asesino con cara de bebé   noviembre 2012

Empezó como profesional desde adolescente
como pasó con muchos mexicanos.
Pero cuando enfrentaba al oponente,
él hablaba con sus mejores armas: sus manos.
Como el clásico guerrero mexicano,
estaba dispuesto a ponerse siempre guapo.
Con cualquier mentalidad, incluyendo la de un cirujano,
demostraba que era un verdadero capo.

Un ídolo de Ciudad de México, Distrito Federal
con cinco títulos mundial en tres divisiones diferentes.
Fue en los súper gallo donde en general
destruía con más sencillez a sus oponentes.
Pero en los otros reinados que tuvo,
demostró que era un técnico con concordancia.
En sus otros reinados, los otros triunfos que tuvo
fueron triunfos de muchísima importancia.

Las agallas que siempre tenía
eran casi inigualables; tenía de sobra.
Si tenía un rival en problemas una vez lo hería,
terminaba la acción como una cobra.
Dentro y fuera del círculo cuadrado,
quizás nunca fue un ídolo de matiné.
Pero al pelear, demostraba por qué fue apodado
el Asesino con cara de bebé.

Tributo a Marco Antonio Barrera

Gracias a su reputación de estilista,
como mini mosca, tuvo un reinado.
Y para incrementar su lista,
tuvo como peso mosca otro reinado no olvidado.

Lo que siempre hacía era amortiguar
y preparar perfectamente sus motores
para que sus puños pudieran perpetuar
fuegos de todos los colores.

Millones de golpes ha eludido
haciendo siempre su mismo programa.
Sin duda alguna, tiene un puesto merecido
futuramente en el Salón de la Fama.

Sus logros en el círculo cuadrado
le dio a Panamá mucha alegría.
Los panameños nunca tendrán olvidado
a este grande conocido como Bujía.

Tributo a Hilario Zapata

Kid Pambelé   noviembre 2012

Al estar en el círculo cuadrado,
demostraba la técnica de un artesano.
Es más, fue el primer campeón adorado
que dio el deporte colombiano.

Tenía poder sumamente notado,
aunque muchísimos le duraron la distancia.
Todos los afortunados que lo han logrado
terminaron en la ambulancia.

Tuvo más de un largo reinado
como campeón mundial peso súper ligero.
Kid Pambelé siempre se ha probado
como un campeón mundial verdadero.

Al pelear, alertaba a todo el país de Colombia
para que sus compatriotas le demostraran fe.
Millones de colombianos hasta bailaban cumbia
para celebrar los grandes triunfos de Kid Pambelé.

Tributo a Antonio Cervantes

Era un púgil con buenos movimientos
que se movía rápidamente.
Su pegada no causaba sufrimientos,
pero era muy bueno fundamentalmente.
Pretendía que estaba lastimado
para luego atacar sin consideración.
Era un púgil que recibía un golpe bien dado
y que tenía mucha determinación.

Como welter, Paret tuvo dos reinados
cortos como campeón del mundo
que fueron rápidamente acabados,
el último, por un ataque furibundo
del oponente más difícil de su carrera
en la tercera pelea de la rivalidad.
Fue atacado de barbárica manera
en una esquina sin ninguna docilidad.

Una vez más, demostró su hombría
pese a que ya era un alma combatida.
luego de mucha duras peleas a sangre fría,
unos de varios factores acabaron con su vida.
Su vida terminó prematuramente
haciendo por lo que más tenía sed.
Muchos aun recuerdan tristemente
lo que pasó esa noche con Paret.

Tributo a Benny Kid Paret

Chegui es como ha sido apodado
Siempre fue un modelo ejemplar
aun cuando su tiempo en el círculo cuadrado
culminó tras una carrera espectacular.

Logró cumplir su dulce sueño
de ser campeón peso medio pesado.
Enorgulleció a su país puertorriqueño
con ese objetivo logrado.

Aparte de su gran habilidad
que le daba cada triunfo asegurado,
era conocido por su humildad
que lo hizo un campeón admirado.

Demostró ser un guerrero con gloria.
Ninguna otra cosa más se puede pedir.
Chegui es y será un hombre con una trayectoria
con un buen ejemplo a seguir.

Tributo a José Torres

Un tipo que demostró su pegada
además de ser un guerrero aguerrido
en una carrera prologada,
pese a mucho castigo recibido.

Cuando al rival lo conectaba,
Sentía su izquierda o derecha cínica.
No se levantaba, pero si se levantaba,
volvía a caer de manera rítmica.

Esta versión de Rocky enfrentó a cualquiera,
Enorgulleciendo a sus compatriotas colombianos.
Su nombre se menciona al hablar de esa era
Donde estaban los mejores en los medianos.
.
En su carrera, no se dio por vencido
para ganar el campeonato peso mediano.
Nadie olvida a este peleador conocido
que era el Rocky colombiano.

Tributo a Rodrigo Valdez

De alguna manera siempre prevalecía
Cuando demostraba su calibre increíble.
Su oponente no sabía lo que él hacía,
Lo que lo convirtió en un hombre impredecible.
Fue admirado por millones y millones
Por ser uno de esos peleadores talentosísimos
A la hora de tirar combinaciones
De golpes, tiraba en volúmenes amplísimos.

Era un zurdo con dos puños potentes
Que le causaba problemas a cualquiera.
En cuestión de tiempo, sus oponentes
Se daban cuenta de la clase de púgil que era.
Su calidad de técnica era lo suficientemente
Buena para ganar por decisión.
Siempre ganaba convincentemente
Con su ataque con mucha precisión.

Enfrento a uno de los mejores medio pesados
En su combate final, conectando su última recta
Para convertirse en uno de los pocos superdotados
En retirarse con una marca perfecta,
Cuarenta y seis peleas, todas victorias
En el duro deporte del boxeo,
Solidificándose como una de las más grandes glorias
En la historia del continente europeo.

Logro veintiuna defensas exitosas
Del campeonato peso súper mediano, con cada fanático
Siendo testigo de las habilidades asombrosas
De este campeón fantástico.

Cada golpe que el conectaba,
El rival lo sentía como sentir mil males.
Pero al final, siempre demostraba
Por qué era el Orgullo de Gales

Tributo a Joe Calzaghe

De todos los grandes en los mini moscas,
Quizás fue el mejor en esa división.
Cada vez que subía a ese ring,
Sabían que él iba a descargar su munición.
Fue otro gran campeón como su compatriota,
La leyenda apodada "El Halcón Coreano".
Cuando empezaba a atacar,
Lo hacía con la mentalidad de un molino humano.

Tiraba y tiraba y conectaba donde pudiera
durante su reinado largo y emocionante
Cuando vencía a su adversario,
Lo hacía de forma dura y dominante.
El grande apodado Sonagi tuvo la suerte
De defender el título mundial diecisiete veces,
Batallando con sus rivales y haciéndolos
Lucir al final como difuntos peces.

En su decimoctava defensa, perdió el titulo
Y su reinado dejo de prosperar.
Pero en la revancha, derroto al que se lo quito
Y sin aclarar dudas, lo pudo recuperar.
Como mini mosca, fue ser un bravo de verdad
Que estaba dispuesto a combatir con cualquiera.
Se retiró joven y como campeón,
Con una sola derrota en su magnífica carrera.

Tributo a Myung Woo-Yuh

Dejaba a todo el mundo anonadado
En las divisiones súper welter y mediano.
Con su poder increíblemente superdotado,
Hacia dormir a sus rivales con una sola mano.
Esto ha pasado con varios oponentes
Que tenían muy buena mandíbula
Y al sentir una de sus manos potentes,
Sufrían derrotas rápidas de película.

En un duro deporte de contacto
Que es seguido por millones en el mundo,
Una vez sus oponentes sentían el impacto,
Caían en un sueño duradero y profundo.
El Halcón en el peso mediano tenía una similitud
Con muchos conocidos pegadores:
Su mandíbula no equivalía con exactitud
La solidez de sus puños demoledores.

En súper welter y los medianos, tuvo tres reinados
En su impresionante carrera,
Con casi todos sus oponentes terminando acabados,
Demostrando que despedazaba a cualquiera.
En cuestión de segundos todo se terminaba
Cuando conectaba un buen golpe con una de sus manos
Para terminar la pelea. Siempre demostraba
Por qué era el Halcón en los medianos.

Tributo a Julian Jackson

Aniquilaba al rival sin vagancia
Con su pegada y fuerza bruta.
Ganar antes de la distancia,
Solamente conocía esa ruta.

Quizás no era el más habilidoso
Ni tampoco el más astuto,
Pero con su gancho de izquierda poderoso,
Terminaba la pelea en menos de medio minuto.

Con su pegada, El Duque hizo sueño realidad
Al ganar el campeonato mundial peso pesado.
Pero fue derribado con mucha facilidad
En su segunda defensa, terminando su reinado.

Debido al diagnóstico de una enfermedad,
Se tuvo que retirar prematuramente.
Años después, volvió pese a la edad,
Ganando peleas como lo hacía: rápidamente.

Tributo a Tommy Morrison

Además de un corazón de león,
Fue un verdadero guerrero.
Demostró ser un verdadero campeón
Dispuesto a pelear en cualquier lugar en el extranjero.
Con una técnica de buena calidad
Y dos manos muy potentes,
Atacaba con inteligencia y sin sensibilidad
a cada uno de sus oponentes.

Su gancho de izquierda era tan fuerte como un hachazo.
El oponente lo sentía al conectarlo eficazmente.
Su derecha era impactante como un machetazo,
Hacia al oponente caer a la lona duramente.
Desde los gallos hasta los pumas, tuvo tres reinados.
El de los pesos gallos fue el más corto de los tres,
Pero los tres son muy bien recordados
Y sus peleas valían la pena ver una y otra vez.

Aunque perdió en su debut profesional,
El grande apodado Wii progresó de forma increíble,
Teniendo una carrera sensacional,
Enfrentando a todo oponente disponible.
Puerto Rico tuvo a esta gran gloria
Que con su estilo, un ambiente de emoción podría crear.
Los países que visito se quedaron con una memoria
De este pequeño gigante que vieron pelear.

Sufrió derrotas de vez en cuando
En algunos momentos en el círculo cuadrado,
Pero siempre continuaba peleando
Y se levantaba cuando era derribado.

Fue uno de cientos de leyendas fenomenales.
Si las siguientes generaciones ven las peleas de Wii,
Van a pensar: "Las peleas y campeonatos mundiales,
Sin importar donde uno pelee, se ganan así".

Tributo a Wilfredo Vázquez

Fue un asombroso estilista,
Uno de los mejores que el mundo vio vivir.
Con movimientos de un basquetbolista,
Hacia todo para pegar y no recibir.
Quien recuerda a esta gran gloria
Sabe que era listo y se podía avivar
En el círculo cuadrado y cada victoria
Era increíble como su forma de esquivar.

Todos vieron su impresionante capacidad:
Usaba movimientos multidimensionales
Y tiraba combinaciones con máxima velocidad.
Evitaba golpes con increíbles movidas laterales.
Con sorprendentes desplazamientos,
Parecía a veces que estaba bailando,
Pero los golpes que esquivaba eran cientos y cientos.
Por eso en su apogeo, se mantenía ganando.

Logro cuatro campeonatos mundiales
En cuatro diferentes divisiones.
Fue víctima de decisiones controversiales
Que indignaron a cientos de millones.
Pese a un par de cuestionables derrotas,
Fue uno de los mejores de su generación.
Los periodistas siempre publicaban notas
De Sweet Pea al verlo con su suma atención.

Tributo a Pernell Whitaker

El Maravilloso   septiembre 2013
("Marvelous")

Con una mandíbula sólida y bien entrenado,
Demostraba que era simplemente maravilloso.
En los medianos tuvo un reinado,
Donde demostró ser un campeón poderoso.

Era un zurdo que peleaba sin compasión
Con cada mano potente.
No importaba cual era la situación,
Se podía adaptar al estilo del oponente.

No importaba cual golpe tiraba,
Su adversario siempre lo sentía.
Una el golpe sólidamente impactaba,
Pasaba lo más lógico con el rival: caía.

Veía a cada rival como una oposición
Dispuesto a enfrentar el reto.
Lo que hacía con él era demolición
Pura sin mostrarle ningún respeto.

En su largo y dominante reinado,
Quien le duro el número de asaltos pactados
Fue uno que no solamente un hombre afortunado,
sino también uno de los grandes legendarios respetados.

El reinado del apodado Maravilloso llego a su final
En la última pelea de su carrera
En lo que aún es considerada una decisión controversial.
Se retiró dejando una memoria del campeón que era.

Tributo a Marvelous Marvin Hagler

En su época, fue un ídolo real.
Una figura vastamente apreciada
desde las Olimpiadas de Montreal

Cuando ganó la medalla dorada.
Todos recuerdan esa sonrisa inolvidable
Que el Sugar Ray moderno que nunca era rara
De ver. Y esa personalidad muy admirable
Que hizo que todo el mundo lo admirara.

Era un tipo sumamente inteligente
Que podía decidir dentro del ring cuando peleaba.
Podía causarle tantos problemas al oponente

Que al final se frustraba.
Tenía velocidad relampagueante
En sus golpes que sorprendía al adversario.
No tenía un poder muy fulminante,
Pero si un nivel de inteligencia extraordinario.

En cuanto a hacer juegos con la cabeza
Él era un gran maestro en ese aspecto.
Y lo sabía hacer con tanta certeza
Que el rival no podía hacer nada al respecto.

Podía conectar combinaciones multidimensionales
Y eludir golpes y hacer fintas,
Lo que lo llevo a ganar campeonatos mundiales
En cinco divisiones de peso distintas.

Aunque se retiró en un par de ocasiones
Cuando desde hace tiempo debió mantenerse retirado,
Seguirá siendo recordado y admirado por millones.
El Sugar Ray moderno nunca será olvidado.

Tributo a Sugar Ray Leonard

De todos los maestros de la defensa,
El posiblemente el mejor púgil defensivo.
Él era apodado Will o' the Wisp
Por su estilo infinitamente elusivo.
Se movía espectacularmente bien
Y lo hacía con muchísima agilidad.
Era el único que podía eludir golpes
Y esquivar con mucha musicalidad.

Esquivaba y eludía miles de golpes
De una forma que antes nadie vio.
Era esa versión del juego de las tres cartas:
"Ahora lo ves, ahora no".
No tenía un poder demoledor,
Pero el rival no podía pegarle.
Considerando todos sus grandes atributivos,
Era extremadamente difícil ganarle.

No solamente se defendía esquivando;
Podía usar sus piernas y sus codos.
Podía estar un round tirando apenas un golpe
En una round y ganar de todos modos.
Gano el campeonato peso pluma
Dos veces, peleando con cualquiera.
Peleo por más de dos décadas, demostrando
Ese genio de la defensa que siempre era.

Tributo a Willie Pep

Boom Boom británico

Tenía una pegada muy decente,
Pero siempre lograba prevalecer
Y peleaba con cualquier oponente
Que le tenían que ofrecer.

Cumplió su sueño de ser campeón mundial
Como peso mediano, donde tuvo un reinado
Que no fue largamente sensacional,
Pero demostró que era determinado.

Era zurdo que con una gran habilidad
Y estaba dispuesto a fajarse.
Lástima que tenía la debilidad
De tener la tendencia fácil a cortarse.

Tributo a Alan Minter

Debuto como rentado tardíamente,
Empezando a la edad de un veterano león.
Pero se superó eficazmente
Para lograr convertirse en campeón.

De muchos campeones en los supermedianos,
Fue uno de los más grandes que existieron.
Todos los que lo han enfrentado con sus manos
Trataron de ganarle, pero perdieron.

Logró veintiuna defensas exitosas
Durante su larguísimo reinado.
No tenía unas manos poderosas,
Pero su habilidad es lo mejor que ha demostrado.

Pese a retirarse sin ser derrotado
Luego de muchas peleas memorables.
Este campeón apodado Fantasma siempre será recordado
Por ganar algunas decisiones cuestionables.

Tributo a Sven Ottke

Smokin' Joe fue un peleador legendario.
Como pocos en la división peso pesado.
Con un espíritu de guerrero extraordinario
Que no podía ser subestimado o quebrado.
Era una maquina siempre cargada,
Listo para ir tras su oponente.
Para hacerlo sentir su pegada,
Sobre todo en su gancho de izquierda potente.

Derroto a El más Grande en la meca neoyorquina
En el comienzo de la histórica trilogía.
En esa pelea, le dio de su propia medicina,
Imponiendo su agresividad y valentía.
Todos recuerdan esa gran rivalidad,
Donde demostró toda su determinación.
Lo forzó a demostrar toda su capacidad
Y con su estilo de presión, lo ataco sin compasión.

Durante el transcurso de su carrera,
Perdió solo ante dos grandes de la historia,
Quienes sabían la clase de gladiador que era,
Uno que sentido lo que era la gloria.
Al retirarse, Smokin' Joe dejo un legado
Que siempre será recordado por millones.
Cuando se retiró del círculo cuadrado,
Lo hizo como uno de los más grandes campeones.

Tributo a Joe Frazier

Peleó en casi todas las divisiones,
Desde la peso mosca hasta en la peso pesado.
Pero fue uno de los más grandes campeones
Y peleo generalmente como medio pesado.
Era un hombre con una gran pegada
Para su tamaño, además de hábil y listo.
Además de un púgil con habilidad superdotada,
Fue quizás lo mejor que Europa ha visto.

Debutó como rentado siendo un adolescente,
Y estaba dispuesto a enfrentar a cualquiera.
Mientras subía de peso, vencía a cualquier oponente
Para demostrar el calibre de púgil que era.
Un grande que demostraba su velocidad
Con su estilo parecido a un practicante de savate.
Para su tamaño, demostraba una capacidad
Increíble y dejaba a sus rivales en jaque mate.

Cuando El Hombre Orquídea, proveniente de Francia,
Gano el campeonato mundial peso medio pesado,
Fue para ese país una victoria con elegancia
Al ver ganar a su ídolo superdotado.
Pese a su pequeña estructura,
El rival no se podía confiar. No podía
Porque ese genio francés lo hacía pasar una tortura
Y al sentir su poder, caía.

Tributo a Georges Carpentier

Gran George ("Big George")

Desde que subía al ring, cuando el mundo lo veía,
Demostraba un instinto intimidador.
Cada oponente que pulverizaba, lo hacia
Con la mentalidad de un exterminador.

Cada vez que peleaba, siempre imponía
Su increíble fuerza y poderosa pegada.
Pegaba con ambas manos y el que la sentía
Quedaba en la lona y no duraba casi nada.

En su mejor momento, tuvo un retiro
Que llego a durar una década larguísima.
Aunque al volver, el rival no tenía un suspiro
Cuando sentía su pegada que seguía siendo durísima.

Tuvo dos reinados en la división peso pasado,
El primero como una persona seria y temida.
Y luego de un largo retiro, el segundo reinado
Lo tuvo como una personalidad muy querida.

El Gran George no tenía la mejor resistencia
Ni demostró tener la mejor agilidad.
Pero siempre noqueaba a todos sin clemencia
Demostrando que su poder era de envidiable calidad.

Al hacer ese regreso, lo hizo de modo increíble,
Ganando más credibilidad en su época de gloria,
Demostrando que nada en la vida es imposible
Cuando uno está dispuesto a hacer historia.

Tributo a George Foreman

"El Hitman"/ "La Cobra de Motor City"   septiembre 2013

Fue un boxeador altísimo y extraordinario.
Gano campeonatos en cinco divisiones.
Los kilos de dolor de infligía en su adversario
En cada combate eran millones.
Tenía increíble poder en ambas manos,
Especialmente tu derecha que era descomunal.
Quienes la sentían, quedan como pequeños humanos,
Durando un pequeño número decimal.

Con un cuerpo larguirucho entrenado,
muy fuerte y filoso como una navaja,
Y un arsenal ofensivo bien ensenado,
Sabía usar su alcance como su mejor ventaja.
"El Hitman" es como generalmente lo conocían.
O "La Cobra de Motor City", pero no importaba
Porque una vez los golpes se sentían,
El rival se iba al piso y en el piso quedaba.

Si en su carrera demostró una debilidad
Era que su mandíbula era un poco vulnerable.
Pero siempre demostró su gran habilidad
Para causarle al rival un dolor intolerable.
Cuando veían a "El Hitman" pelear,
Una de dos cosas era muy posible:
O daba una lección de cómo usar el alcance y boxear
O el rival caía al sufrir su poder irresistible.

Tributo a Thomas Hearns.

En sus primeras oportunidades mundiales,
Tuvo la mala suerte de ser vencido.
Pero fue de esos guerreros sensacionales
Que nunca se dio por vencido.

Podemos decir que ese fue su caso
Durante su carrera brillante y memorable
Que peleo como ese gran campeón admirable
Que toda la Argentina se dio cuenta que era.

No tenía el poder de un noqueador
Ni tampoco una técnica tan envidiable.
Pero tenía un espíritu de pelea abrumador
Que no podía ser incuestionable.

En los mosca y súper mosca, tuvo un reinado,
Cada uno recordado por todos los chaqueños.
Salazar siempre será un peleador recordado
Por batallar hasta que logró cumplir todos sus sueños.

Tributo a Carlos Gabriel Salazar

El Asesino de Easton   octubre 2013
("The Easton Assassin")

A pesar de ser casi siempre subestimado,
Nunca dejo ser un deportista extraordinario.
En su carrera, quedo demostrado
Por qué él fue un púgil legendario.
Como pocos, tuvo un largo reinado
Con más de veinte defensas exitosas.
Demostrando su quilate como peso pesado
Y una de las figuras más habilidosas.

Podía conectar el jab sin cansarse.
Hubo ocasiones en que derribado,
Pero fue muy capaz de levantarse
Y pelear hasta tener el triunfo asegurado.
Su arsenal ofensivo no era tan amplísimo,
Pero era uno que podía ser terrible,
Especialmente su jab fuerte y rapidísimo
Que hacía más daño que la bala de un rifle.

Como muchos, siguió combatiendo
Cuando ya debió haberse retirado.
Y aun así, el seguía venciendo
A cualquiera en el círculo cuadrado.
Su jab famoso tan bien pulido
Que tenía más fineza que el de Liston.
El rival terminaba claramente vencido
Luego de pelear con el Asesino de Easton.

Tributo a Larry Holmes

El Marino de Pelea

Venció dos veces al Demoledor de Manassa,
Dándole una lección de cómo se boxea,
Fallado en convertirse en su presa de casa.
Fue el mejor logro del Marino de Pelea.
En un deporte donde no se usa mucha lógica,
Le peleo y le gano con inteligencia
A un grande conocido por su crónica
De demolición sin demostrar clemencia.

En su carrera, solamente una vez perdió.
Luego gano el título mundial peso pesado.
Aun estando en su esplendor, se retiro
Cuando todavía estaba en su reinado.
Un púgil muy rápido e inteligente
Que peleaba con mucha técnica y fluidez
Y estaba dispuesto a enfrentar a cualquier oponente.
Nada mal para alguien que perdió solo una vez.

Él no tenía un estilo lleno de ferocidad
Que emocionaba mucho a la afición.
Pero demostraba una gran capacidad
Que conectar izquierdas y derechas con precisión.
Sus clases magistrales al legendario Demoledor
Son un ejemplo perfecto de cómo se pelea
Con técnica a inteligencia para ser vencedor.
Gracias por las memorias, Marino de Pelea.

Tributo a Gene Tunney

Tenía un poder tan potente
Que el rival terminaba fácilmente derribado.
Su pegada se notó claramente
Desde su carrera como aficionado.

Quienes quedaban satisfechos eran millones
Los que veían a esta pequeña máquina de pelea.
Fue uno de esos pequeños campeones
Y uno de los mejores que dio Corea.

En el ring, fue un pequeño gigante.
Al final, se retiró con una carrera cortísima.
Pero fue una muy buena con su estilo emocionante
Combinada con su pegada durísima.

Peleo por títulos mundiales muy temprano,
Pero como súper mosca y gallo, tuvo dos reinados.
Kil Moon fue un orgullo coreano
Que dejaba a sus rivales velozmente acabados.

En su corta carrera, dejo una memoria en cada fanático
Que vale la pena hacer una nota con buena redacción.
Para muchos, sobre todo en el continente asiático,
Fue un honor de ver a este pequeño hombre en acción.

Tributo a Sung Kil-Moon

El Tigre (De Polonia)   octubre 2013

En la división peso medio pesado,
Fue un campeón conocido y dominante.
Todo el mundo recuerda su reinado
Donde muchos perdieron de forma fulminante.
Si hubo ocasiones en que fue derribado,
Se levantó para demostrar su corazón
Para ganar como era esperado.
Y no se podía dudar sin ninguna razón.

Podríamos decir un dicho que es una verdad aceptada:
"Quien no tiene nada que temer, que apeligre".
Muchos trataron, pero al rato, sentían la pegada
De esta estrella polaca apodada "El Tigre".
Las dos derrotas sufridas en su trayectoria
Fue cuando esta ya había llegado a su conclusión.
Eso deja mucho que decir de su época de gloria
Cuando liquidaba a todos con su munición.

Aunque se consagro campeón peso crucero,
Su reinado como medio pesado fue el más conocido.
Al pelear, cuando era certero,
Derribaba al rival y lo dejaba destruido.
Los vencía de una forma sensacional
A veces, dejándolos como gatos tendidos en la acera.
Todos vieron la clase de campeón mundial
que el Tigre de Polonia era.

Tributo a Dariusz Michalczewski

Tuvo la muy mala suerte de que fallo
En consagrarse en su primera oportunidad titular
Pero en la segunda que le dieron, lo logró
y tuvo un reinado de campeón espectacular.

Era un zurdo cuyas peleas eran emocionantes.
Se movía y cortaba el ring de forma aceptable
Y tiraba combinaciones muy constantes
Tenía un instinto asesino admirable.

Como muchos súper moscas reconocibles,
Watanabe era flaco y poco diminuto.
Pero tiraba todas las combinaciones posibles.
Demostrándole al rival que no le tenía miedo en los absoluto.

La primera derrota sufrida como rentado
Fue en su fallida primera oportunidad.
La segunda cuando termino su reinado.
Eso deja mucho que decir de su habilidad.

No cabe ninguna duda que millones
Recuerdan como atacaba y demolía con rudeza.
Watanabe fue uno de los mejores campeones
Provenientes de la gran nación japonesa.

Tributo a Jiro Watanabe

En solo su tercera pelea profesional,
Gano el título mundial de los súper ligeros.
Eso fue una hazaña sensacional
Para uno de los grandes pequeños guerreros.

Tuvo dos reinados, el segundo fue el que duro más,
Donde tuvo muchas defensas exitosas.
El adversario no podía durar un minuto más
Parado al sentir sus manos poderosas.

Aunque tuvo una carrera limitada,
Saensak tuvo el honor de hacer historia
Su trayectoria no puede ser olvidada.
Tailandia recordará a esta figura que tuvo su gloria.

Tributo a Saensak Muangsurin

Irlandés   octubre 2013
("Irish" de los superligeros)

En su carrera, él fue un muy buen motivo
Por el cual los súper ligeros tenían emoción.
No tenía el estilo más explosivo,
Pero su estilo era uno lleno de acción.
Su marca quizás diga que fue decente
por el hecho que tiene varias derrotas acumuladas.
Pero batallaba y enfrentaba a cualquier oponente
Y muchas de sus peleas con bien recordadas.

Todos recuerdan su memorable trilogía
Con el guerrero de sangre y agallas apodado Trueno
En donde la afición demuestro toda su energía
al ver acción desde cualquier medida del coseno.
De esa trilogía, gano solamente la primera,
Pero cada una dejo a todos pegados en sus asientos.
Y el demostró la clase de gladiador que era
Y lo hizo en esos clásicos enfrentamientos.

El gancho al hígado era un tremendo golpe de contacto
Que lo tenía muy bien pulido.
El rival que sintiera ese impacto,
Terminaba en la lona arrodillado y adolorido
Era de esos tipos guapos duraderos,
Uno que en ese deporte no muchas veces ves.
Cuando se habla de combates en los súper ligeros,
Todos recuerdan de esta figura apodada "Irlandés".

Tributo a "Irish" Micky Ward

En honor a Emile   octubre 2013

Valía la pena ver a Emile pelear
cuando los estadios llenaban su capacidad
Para a este grande que sabía boxear
Utilizando su habilidad y velocidad.
No era conocido por una fuerte pegada
Por lo tanto, no tenía fama de noqueador.
Pero con su rapidez y técnica bien ensenada,
Podía ganar por un margen abrumador.

Podía dominar a cualquier oponente,
Pero no tenía un instinto de acabar estricto.
Aun así, él podía hacer lo suficiente
Para lograr llevarse el veredicto.
En su carrera, tuvo varias rivalidades
En las que demostró el púgil que realmente era.
Siempre mostro todas sus habilidades,
Y lo hizo peleando con cualquiera.

Desde los welters hasta los medianos, se consagro
Y lo hizo siempre ante la mejor oposición.
Quienes lo han visto, saben que el público lo admiro
Por su calibre y personalidad llena de admiración.
Quizás tuvo muchas derrotas acumuladas,
Especialmente a fin de su larga trayectoria
Pero fue una de las figuras más respetadas
Y fue y es recordado como una gloria.

Fue otro de muchos que consiguió todo por sí mismo,
Lográndolo con sus habilidades y dedicación.
Para las futuras generaciones del pugilismo,
Deben ver al gran Emile como una ejemplificación.

Tributo a Emile Griffith

No logró ganar el campeonato mundial,
Pero peleó en una época dorada.
Era conocido por su resistencia descomunal,
Además de ser conocido por su fuerte pegada.
Peleo en una era donde la división peso pesado
Tuvo figuras más talentosas y sobresalientes.
Sin embargo, fue un tipo guapo que nunca fue derribado
En su carrera por ningún oponente.

Pelear con el quizás era un poco frustrante
Porque el rival le pegaba con todo lo que tenia
Y aun así, en todo momento iba hacia adelante
Recibía las manos del rival y ni siquiera las sentía.
Tiro y vencio a muchos rivales rápidamente
Con su pegada dentro del circulo cuadrado.
Si perdió con los mejores, lo hizo valientemente
Y la hazaña de terminar siempre parado.

Tuvo la mala suerte en un par de ocasiones
En ganar el campeonato y tener la máxima gloria.
Pero será recordado por millones y millones
Por tener la mejor mandíbula en la historia.
Cada vez que antiguos rivales recuerdan a Chuvalo,
Ellos tendrán sus opiniones bien recordadas,
Una de esas será: "Para pelear, el tipo no era malo,
Pero su mandíbula me dejó las manos destrozadas".

Tributo a George Chuvalo

En su carrera, parecía que siempre peleaba
Con las broncas desde su niñez y adolescencia.
A todos sus rivales los destrozaba
Sin demostrar la más mínima clemencia.
Cuando se hablaba de pegar y noquear,
Y dejar a uno en la lona, él era un artista.
La Roca no tenía le mejor técnica para boxear,
Pero le causaba pesadillas hasta al mejor estilista.
Tenía la capacidad de agarrar a cualquier oponente
En el ring y ponerlo KO con una sola mano.
Fue su pegada, sobre todo su derecha ultra potente
Que lo llevo al campeonato peso mediano.

Todo el mundo recuerda su trilogía emocionante
Con el grande apodado El Hombre de Acero.
Donde cada pelea termino con un KO fulminante
Pero cada asalto fue emocionante desde el primero.
Hasta el más grande, el Sugar Ray original,
el mejor de la historia que era poesía en movimiento
reconoció su poder pese al noquearlo al final,
luego de caer a la lona con un derechazo violento.
La energía que usaba para tener un KO fantástico
Y acabar la pelea rápidamente a veces era poca.
Siempre habrá en la mente de algún fanático
Una memoria de algunos KOs de La Roca.

Tributo a Rocky Graziano

Era un zurdo complicadísimo
Que peleo en dos distintas divisiones.
En ambas, demostró que pegaba durísimo
Ante la vista y testigo de millones.
En la división peso medio pesado,
Termino acabándolos fácilmente a todos.
En su siguiente división, la peso pesado,
Iba a veces a la distancia y ganaba de todos modos.

Cuando el apodado Doble M subía al círculo cuadrado,
Lo hacía siempre con la mentalidad de combatir.
Varias veces tuvo la mala suerte de ser derrotado,
Pero su corazón nadie lo podía partir.
No importaba cual golpe el tiraba,
Su adversario siempre lo sentía.
Una vez lo sentía, en la lona quedaba
Por un rato una vez caía.

Pese a demostrar su poderosa pegada
En ambas divisiones sin haber mermada.
La época de su carrera que es la más recordada
Es sin duda su tiempo como peso pesado.
Este grande, que valió la pena ver en su era
Podía liquidar a los rivales sin cansarse.
Pero como muchos que eligieron esa carrera,
Siguió cuando hace tiempo debió retirarse.

Tributo a Michael Moorer

Él fue un temible pegador proveniente
De la nación africana de Uganda.
Podía hacer a cualquier oponente
Lucir como alguien que cayó por una baranda.

Cuando conectaba un golpe bien dado,
El oponente quedaba por un rato en el piso.
Ya sabía que tenía el triunfo asegurado
Luego de darse cuenta del daño que hizo.

Fue en los súper welter donde tuvo su alegría
Y realizo su sueño de consagrarse campeón
Y lo hizo por la forma que él conocía:
Por la vía de la rápida demolición.

Le daba a los rivales un KO con cordialidad,
Sintiendo ellos esa pegada insoportable.
Sin embargo, La Bestia tenía una debilidad:
Tenía una mandíbula muy vulnerable.

Tuvo la oportunidad de desafiar en dos ocasiones
Por el título mundial de los medianos, fallando ambas veces.
Sin embargo, sus KOs los recuerdan millones,
Incluyendo millones de ugandeses.

Tributo a John Mugabi

Era un hombre grande con habilidad
Que sabía pelear y usar su alcance con firmeza.
Sin embargo, no demostraba a veces la mentalidad
Y según muchos, no demostraba rudeza.
Pero eso cambio en una noche histórica
Cuando fue alguien que nunca fue
En un deporte que muchos no usaron lógica
Y en el nadie tenía nada de fe.

Enfrento al que habían bautizado
Como el Hombre más Malo del Planeta
Quien en ese momento nunca fue derrotado.
Nadie pensó que este cumpliría su meta.
Nadie pensaba que tenía una oportunidad
Contra el entonces temible campeón de los pesados.
Pensaban que entraría en lista de los hombres con capacidad
Y al final, terminaron rápidamente acabados.

Hizo lo que todos pensaban que era imposible:
Lo venció antes del límite sin amabilidad.
No solo eso, logro lo impredecible:
Le quito su aura de invencibilidad.
En su primera y única defensa titular,
Lo perdió al ser derribado con una recta.
Pero será recordado por esa noche espectacular
En Tokio cuando hizo una pelea casi perfecta.

Tributo a James "Buster" Douglas

"Boom Boom"   octubre 2013
(De Estados Unidos)

Digamos que era un pequeño Graziano
Que impacto la división peso ligero.
Todo estado del territorio norteamericano
Vio las peleas de este guerrero.
Verlo pelear era muy emocionante.
Podía recibir un golpe para dar uno.
¿Quién podía subestimar a este mini gigante?
La respuesta es muy fácil: ninguno.

Era un tipo que siempre iba hacia adelante,
Dispuesto a intercambiar con el oponente.
Una vez sentía su ataque impactante,
Caia a la lona de manera hiriente.
El público admiraba ver su estilo agresivo.
Pequeño de estructura, pero con corazón de león.
Hasta se dio cuenta de eso El Flaco Explosivo
Quien lo enfrento antes de que se consagrara campeón.

Dos veces salio de un retiro prolongado
Para enfrentar a púgiles espectaculares.
Y aunque esos dos lo han derrotado.
Los fanáticos que lo apreciaron fueron docenas de millares.
El apodo "Boom Boom" a pocos se lo han dado,
Pero no llegaron tan lejos al final.
Pero este "Boom Boom" fue uno bien admirado.
Aparte de ser campeón, él fue el "Boom Boom" original.

Tributo a Ray "Boom Boom" Mancini

En un deporte que puede ser turbulento,
Lo que él causaba casi siempre eran puros celos.
Cuando estaba peleando en su mejor momento,
Los rivales no le tocaban ni dos pelos.
Tenía una increíble habilidad atlética,
una velocidad envidiable e increíble reflejos.
No se podía explicar ni con la ciencia de la genética
Ni tampoco se lo explican quienes lo veían desde lejos.

Al tener que probar algo en el círculo cuadrado,
Sabía cómo hacerlo con mucho absolutismo.
Su calibre de habilidad no podía ser nivelado
Con su gran nivel de egocentrismo.
En su época, era lo más cercano a intocable
Podía pasar eficazmente un asalto tras otro
Demostrando su calibre de habilidades admirable
Para evitar que el oponente le tocara el rostro.

Ha demostrado sus habilidades fenomenales
Desde en los medianos hasta en los pesos pesados,
Ha coleccionado campeonatos mundiales.
Al enfrentarlo, todos terminaban frustrados.
De todos sus reinados, el más recordado
Y en el cual venció a cualquier tipo de oponente,
Fue el que tuvo en la división peso medio pesado,
El que fue sin duda alguna el más sobresaliente.

Como muchos grandes tenía una debilidad:
Era habilidoso, pero tenía una mandíbula vulnerable.
Cuando sus últimos rivales lo conectaron sin amabilidad,
cada caída a la lona se volvió inevitable.

Jones Jr. siempre será muy bien recordado
por sus clases magistrales muy impresionantes.
Pero como muchos con su legado ya asegurado,
Siguió cuando ya debió haber colgado los guantes.

Tributo a Roy Jones Jr.

"Irlandés" (De los pesos pesados)   octubre 2013

En los pesos pesados, es una figura recordada
Y fue uno de los más populares
A pesar de pelear en una época dorada
Llena de pesos pesados espectaculares.

No ganó el título mundial con más antigüedad
Por la mala suerte de pelear en esa era
Donde había talentos de mejor variedad.
Pero le hacia una pelea dura a cualquiera.

Él no tenía un tamaño gigante,
Pero sus manos tenían mucha velocidad
Y su pegada era muy impactante
Y para contratacar, tenía una gran capacidad.

Por una buena razón era conocido como "Irlandés".
Pese a la debilidad de tender a cortarse.
Era uno de esos tipos que se ve rara vez,
Uno con habilidad y dispuesto a fajarse.

Tributo a "Irish" Jerry Quarry

Los mexicanos se unían en gentío
Para verlo demoler a sus oponentes.
El Zurdo de Oro demostraba su poderío
Con izquierdas y derechas potentes.
Además de pegada, su resistencia
Era uno de los mejores atributos que tenía.
No necesitaba probarlo con ciencia.
A pelear o boxear siempre venía.

No tenía la mejor velocidad,
Pero si la tenacidad de un pequeño puma.
Siempre demostró toda su capacidad
En su reinado como campeón mundial peso pluma.
No tuvo una larguísima trayectoria,
Pero fue una que valió la pena.
Los mexicanos disfrutaron ver a esta gran gloria
Hasta después de terminar la cena.

A pesar de su tamaño aceptable,
Atacaba con la furia de un león.
Volvió de un retiro para hacer lo inesperable
Y fue volver a coronarse campeón.
Ese reinado se dio por terminado
Por la leyenda brasilera apodada el Gallo de Oro.
Pero quedo establecido su legado
Como el grandioso apodado el Zurdo de Oro.

Tributo a Vicente Saldivar

El Alacrán (De México) octubre 2013

Le hacía una batalla muy dura
Al rival, aunque peleara en su país
Para demostrarle esa bravura
Del país de donde era su raíz.

No tenía la técnica más sensacional,
Pero era un peleador formidable
Que siempre peleaba hasta el final,
Convirtiéndolo en alguien admirable.

Como peso mosca, tuvo su reinado
Donde defendió el campeonato como una fiera.
Aunque lo perdió, siguió siendo idolatrado
Por ser el guerrero que era.

Siempre demostró que fue valiente.
De determinación nunca pudo carecer.
Enfrentó a cualquier oponente,
A los mejores que su división tuvo que ofrecer.

Eran de esos peleadores emocionantes
Con gran corazón que siempre se dan.
México recordará a uno de sus pequeños gigantes,
En este caso, el gran apodado "El Alacrán".

Tributo a Efren "El Alacrán" Torres

Bazooka (De México)   octubre 2013

Cuando la palabra Bazooka se menciona,
Mencionan a la leyenda puertorriqueña.
Otro apodado asi y enviaba a todos a la lona,
Pero éste no era una versión caribeña.
Fue de muchos peleadores mexicanos,
Un zurdo respetado; listo para la guerra.
El gran impacto y poder en sus manos
Podía oírse perfectamente hasta en Inglaterra.

Como súper pluma, tuvo dos breves reinados,
Pero fueron con emoción sin alto.
Mantenía a los fanáticos muy emocionados
Desde el primero hasta el último asalto.
Hasta antes de ganar el campeonato,
Este zurdo emocionaba con su estilo de fajarse
Con su mentalidad de atacador nato
Que tiraba izquierdas y derechas sin cansarse.

Su estilo era de "Tiro y pego en donde sea",
Aunque tiraba manos abiertas y/o anunciadas.
Pero era una pequeña máquina de pelea
Y una de las más admiradas.
Fue parte de peleas extraordinarias.
Por eso siempre será bien recordado.
Pero acumuló varias derrotas innecesarias
Cuando hace tiempo debió haberse retirado.

Tributo a Rafael "Bazooka" Limón

La Montaña Ambulante   octubre 2013
("The Ambling Alp")

Siempre fue visto como un espécimen
Que parecía una fuerza de la naturaleza.
Su físico no era el de un milico a régimen,
Pero demolía al rival con certeza.
Con un tamaño casi envidiable
Y unas manos devastadoramente potentes
Y aun con una técnica no admirable,
Era más grande que casi todos sus oponentes.

El público miraba con detención
Y detenimiento a este gigante italiano.
El apodado "La Montaña Ambulante" llamó la atención
Hasta en el territorio norteamericano.
Al ganar el campeonato mundial peso pesado,
Fue para Italia una gran alegría.
Aunque casi un año duró su reinado,
Logró conseguir lo que quería.

No era el grandote más talentoso,
Pero tuvo su momento de fama
Gracias a su poder monstruoso
Que hacía al rival ver la lona como una cama.
Entretenía a cualquier fanático
Que se quedaba con una memoria de este gigante
Que tenía la personalidad de este ser carismático
Apodado La Montaña Ambulante.

Tributo a Primo Carnera

Aunque era un súper welter natural,
Se consagró campeón en la división supermediano.
De todas formas, su pegada descomunal
Lo hizo una atracción en su país surcoreano.

Una fuerza de la naturaleza que pegaba.
Pegaba y pegaba. No sabía que otra cosa hacer.
Y fácilmente a sus rivales los noqueaba
Sin dejar a un solo fanático sin complacer.

Normalmente cuando su país nativo
Sobresalía mucho en los pesos más chicos,
Baek no tenía el estilo más explosivo,
Pero agarraba al rival y lo hacía añicos.

Siempre y en cada asalto, iba hacia al frente
Sin mucho movimiento de cintura,
Pegaba en cualquier hueco que dejara el oponente,
Imponía su poder con ambas manos en donde pudiera.

Este campeón surcoreano uno de esos tipos fajadores
Que en este deporte siempre se ven.
Cuando el rival sentía sus puños devastadores,
Era como si lo estaba impactando un tren,

Tributo a In-Chul Baek

Chong-Pal   octubre 2013

Al igual que Baek, su compatriota coreano
que fue campeón en la misma división,
hacía algo en la división peso súper mediano:
Ganaba por la vía de la demolición.

Como súper mediano, tuvo dos reinados
donde su potencia no fue subestimada.
Los contendientes eran derribados
una vez sentían su fulminante pegada.

Chong Pal tenía su pegada como el mejor arsenal
y mucha técnica no demostraba.
Pero el poder en sus puños era tan infernal
que al sentirla, el rival no se levantaba.

Supo aprovechar al máximo su mejor virtud
convirtiendo sus victorias rápidas en memorias
de sus fanáticos del gran país de Corea del Sur
que recuerda muy bien a una de sus grandes glorias.

Tributo a Chong-Pal Park

Torito (De Venezuela)   octubre 2013

Era un hombrecito de baja estatura
Que daba ventajas en cuestión de tamaño.
Pero demostraba muchísima bravura
Y con sus manos causaba daño.
Cuando tenía al hombre lastimado,
Podía definir la pelea y darle conclusión.
Y eso es algo que siempre ha demostrado
Mientras subía de división.

Varias veces dejó el origen de sus raíces
Para defender los campeonatos que ganó.
Los defendió con bravura en distintos países
Y la mayoría de las veces fue el que venció.
Venía a pelear y siempre lo demostraba,
Entreteniendo a quienes lo veían.
No importa qué tipo de golpes tiraba.
Los tiraba con ambas manos y todos dolían

Tenía un corazón que nadie describía
Porque era más sólido y grande que una caravana.
Fue un grande le dio muchísima alegría
a su grandiosa tierra venezolana.
A lo largo de su carrera, se ha acostumbrado
a ser siempre el hombre más bajito.
Pero demostró por qué era apodado
y conocido merecidamente como Torito.

Tributo a Leo Gamez

"Hitman" (La versión británica)   octubre 2013

Este hombre fue un ídolo británico
Que en su carrera fue una gran atracción.
Quedó en la cabeza de cada fanático
Una memoria de este hombre de acción.

Cada combate de él era emocionante
Cuando demostraba su estilo aguerrido
Poniendo siempre presión constante
Y absorbía el ataque del rival bien absorbido.

Tuvo reinados en los welter y peso súper ligero,
pero su época cómo súper ligero es la más recordada.
Siempre venía con la mentalidad de guerrero,
entreteniendo mucho a la fanaticada.

Cuando atacaba a su oponente,
Lo hacía con la mentalidad de una sierra.
Por eso admiraban a este peleador proveniente
De la ciudad de Manchester, Inglaterra.

El "Hitman" perdió con tres hombres solamente
En el transcurso de su carrera.
Ese hecho deja mucho que decir claramente
Sobre la clase de púgil que era.

Este bravo inglés apodado "Hitman"
Será recordado por su gran trayectoria
Porque fue un tipo guapeza que no siempre se ven.
Inglaterra nunca olvidará a esta gloria.

Tributo a Ricky "Hitman" Hatton

Fue el primer ruso en la historia
En ser campeón mundial en este deporte.
Al final, tuvo una corta trayectoria,
Pero para su país, ese fue su mejor aporte.

Para Rusia, Arbachakov fue un pionero.
Uno que atacaba en el momento indicado.
En el momento de tirar y conectar, era certero
Y el rival terminaba normalmente derribado.

En los pesos mosca, tuvo su reinado.
Sufrió la única derrota de su carrera
Cuando su reinado se dio por terminado.
Deja mucho que decir de la clase de púgil que era.

Acertaba y pegaba con elegancia
Para un hombre que peleaba en ese peso.
Pero con una técnica decente, podía ir a la distancia.
Estos días, no siempre se ve eso.

Ganó el campeonato prematuramente,
Pero lo defendió con éxito con la mejor oposición.
Los compatriotas que lo vieron atentamente
Siguieron sus pasos al tomarlo en consideración.

Tributo a Yuri Arbachakov

Reinó en los súper welter y los medianos,
Además de ganar el oro como aficionado.
De todos los grandes campeones italianos,
Nino fue sin duda el más idolatrado.
Uno de pocos que demostraba cómo se boxea,
Uno de los mejores en la historia de Europa.
Cuando los italianos lo veían ganar una pelea,
Era si ellos acababan de ganar la Copa.

Demostraba técnica con mucha decencia,
Llamando la atención con detenimiento.
Evitaba y conectaba golpes con inteligencia
Y moviéndose con cada desplazamiento.
Un fuera de serie. Cuando había que boxear,
Con mucha facilidad lo hacía.
Pero cuando había que ser guapo y pelear,
También y al público complacía.

En un deporte que es muy conocido
Por su tendencia a la barbarie,
fue un grande con el paquete de habilidades tan pulido
Que en su esplendor no le ganó casi nadie.
Las derrotas sufridas en su trayectoria,
La mayoría de ellas fue cuando esta llegaba a su conclusión.
Pese a eso, Italia recordará a esta gloria
Como lo hace siempre: con infinita admiración

Tributo a Nino Benvenuti

Reinó en los pesos gallo y súper gallo.
aunque luego de una defensa titular
los perdió ambos, era más bravo que un rayo
y cada pelea suya fue espectacular.
No tenía el poder de un noqueador
Pero como el clásico peleador de Surcorea,
Batallaba con la mentalidad de un gladiador,
Demostrando que con bravura se pelea.

Muchos recuerdan su pelea histórica
Por su segundo campeonato en Panamá
Dejó en cada mente que usa la lógica
Un recuerdo que hoy en día de ellas no se va.
Su rival panameño, en el segundo asalto,
envió a Soo-Hwan la lona cuatro veces
El árbitro casi le dio a la pelea un alto
Y su sueño del segundo título casi se durmió con los peces.

Cada vez que cayó a la lona, se levantó
Para concluir el asalto peleando,
Demostrando que su espíritu coreano no murió
Y tenía más episodios para seguir batallando.
En el siguiente asalto, lo dejó noqueado
En la lona delante del público panameño
Quien quedó totalmente anonadado
Al ver al local perder por la vía del sueño.

Cada pelea que vio de él cada fanático
Vio que este surcoreano era un pequeño titán.
Les dejó a todos del continente asiático
Una memoria del espíritu guerrero de Soo-Hwan.

Tributo a Soo-Hwan Hong

Yanbarukuina

Sus puños no tenían un poder pulido,
Pero era un mini mosca con mucha rapidez
Y podía pelear un combate aguerrido,
Entreteniendo mucho al país japonés.

Muchos recuerdan las peleas de este pequeño potro.
Para pelear, tenía tremenda resistencia.
Si había que atacar un asalto tras otro,
Lo hacía los tres minutos de él sin negligencia.

El apodado Yanbarukuina tuvo una carrera cortísima,
Pero una con varias defensa titulares.
Y sin duda alguna fue una buenísima
Y todas ellas fueron peleas espectaculares.

Tuvo un cuarto de siglo de peleas profesionales,
Pero en ellas demostró lo que era.
No tuvo los récords más fenomenales,
pero peleó honrando a su país y bandera.

Tributo a Katsuo Tokashiki

No tenía unas manos muy poderosas,
Pero tenía características muy vistosas.
Era más bravo que un tipo grande en una barra.
Se ponía guapo a la hora de poner garra.

Atacaba con ambas manos y con tenacidad
Y tiraba combinaciones con buena velocidad.
Una de sus virtudes eran sus movimientos
Que usaba para caminar en el ring con desplazamientos.

En sus primeras oportunidades, no tuvo suerte,
Pero Pigu siguió luchando a muerte
Para consagrarse campeón mundial medio pesado,
Algo que por mucho tiempo ha buscado.

Era un tipo alto con un nivel complejo.
Toda la Argentina estuvo en festejo
Y estalló en lágrimas cuando perdió.
Pero fue magistral la noche en que se consagró.

Tributo a Hugo "Pigu" Garay

Su carrera fue como una pequeña crónica.
Conectaba con poder sus manos en algún hueco
Disponible, logrando la hazaña histórica
De convertirse en el primer campeón mundial sueco.

Aunque pegaba con ambas duramente,
Su derecha tenía la potencia más eficiente.
Cuando se la conectaba al oponente,
Este caía a la lona contundentemente.

Se consagró campeón mundial peso pesado
Con sus manos, sobre todo la derecha de dinamita.
Pero como le pasó a muchos, ese reinado
De campeón duró menos que una estalactita.

Pese a su corta carrera, fue como un noqueador nato
Y en Europa, fue una figura respetada.
Para los suecos, cuando Ingo ganó el campeonato,
Fue como si Suecia ganó la copa más buscada.

Tributo a Ingemar Johansson

Foster (los medio pesados)   noviembre 2013

Para la división que el casi siempre combatía,
Era claramente hombre alto y larguirucho.
Pero el poder de sus manos que tenía,
Sobre todo su gancho de izquierda, era mucho.
Cuando combatió en su peso natural,
Nadie le ganaba ni aunque el cometiera un error.
Pocos pudieron soportar su pegada descomunal,
Una que causaba en su división mucho terror.

Cuando combatió en los medios pesados,
Solo uno en su esplendor pudo vencerlo.
Pero cuando peleaba en los pesos pesados,
Los resultados dieron pena con tan sólo verlo.
Su época como medio pesado fue su mejor trayectoria
Donde retuvo muchas veces el título mundial,
Una catorce veces en total en su tiempo de gloria,
Con un KO tras otro, siempre uno sensacional.

Pocos recuerdan a Foster por ese reinado
Como medio pesado que duró hasta anunciar su retiro.
Recuerdan esa época como medio pesado
Donde absolutamente nadie tenía un suspiro.
Es mejor recordado por su reinado dominante
Donde con su gancho de izquierda mortífero,
Le propinaba al rival un KO fulminante
Y lo enviaba a dormir en un acuífero.

Tributo a Bob Foster

Como muchos pesos mosca, Chitalada
Era un hombre pequeño como una molécula.
Pero mantenía a la afición emocionada,
Aunque no necesariamente incrédula.

En los pesos mosca, reinó dos veces,
Teniendo varias defensas exitosas,
Enorgulleciendo a todos los tailandeses,
Demostrando sus pasos y manos habilidosas.

Con su pegada no vastamente potente,
Aun hacía al rival caer notablemente
Y podía pelear una pelea inteligente,
al batallar con el rival eficazmente.

Cada vez que se fue a combatir
En un lugar fuera de su país es recordada.
Los tailandeses se sentaban a compartir
Unidos al ver las peleas de Chitalada

Tributo a Sot Chitalada

Fue uno de los mejores de África.
Era un tipo con pegada en ambas manos
Y una habilidad para pelear con táctica,
Haciendo honor de loa africanos.
Cuando veía que se podía terminar el combate
No tarda mucho para poder definirlo
Y dejarlo completamente en jaque mate
Para que el personal tuviera que asistirlo.

En los pluma y súper pluma, tuvo un reinado
Con muchas defensas titulares.
El Profesor lo defendió en cualquier lado,
Peleando en diferentes lugares.
Al rival le peleaba inteligentemente
Además de ver lo que éste iba a traer.
Al sentir la pegada, lo que normalmente
Le pasaba al rival era que iba a caer.

Fue el mejor campeón que dio Ghana,
Uno que sabía que haber con precisión.
Impresionó hasta a la afición norteamericana
Enfrentando y venciendo a la mejor oposición.
En un momento, podía frustrar al agresor
Y vencerlo convincentemente.
Cuando los ghaneses recuerdan al Profesor,
Lo recuerdan memorablemente.

Tributo a Azumah Nelson

En su tiempo, Winky era un zurdo magnífico
Con un buen plan en la ofensiva.
Pero era sobre todo un mago lírico
Con su vasta habilidad defensiva.

Tenía su guardia muy bien cerrada
Con ambos codos perfectamente cerrados
Que era difícil de ser penetrada.
La mayoría de los golpes eran bloqueados.

Como púgil, era un hombre completo
Y no hay duda de que fue uno de los más evitados.
Como muchos que querían cualquier reto,
Fue uno de los más subestimados.

Reinó en los súper welter en dos ocasiones
Donde le ganaba a los rivales a su antojo.
Siempre pudo dar buenas exhibiciones
De cómo pelear sin quitarle al rival el ojo.

No tenía una pegada demoledora,
Pero tenía técnica muy apreciable
Y la demostraba cuando llegaba la hora.
Winky le daba al rival una lección inolvidable.

Tributo a Ronald "Winky" Wright

El Demoledor de Marrickville
("The Marrickville Mauler")

noviembre 2013

Tenía un estilo muy temperamental,
Tirando golpes de cualquier lado imaginable.
Peleaba como si fuera un pequeño semental
Con una condición física interminable.
Se veía que uno que era un púgil que entrenaba
Todo el día sin parar desde la mañana
Tiraba golpes siempre y no paraba
Hasta que la pararan o sonara la última campana.

Su estilo lo ayudó a reinar en tres divisiones,
Tirando, conectando y atacando constantemente.
Los australianos lo veían en millones
Vencer a sus rivales convincentemente.
Empezó a pelear por un campeonato mundial
Con una cantidad de peleas chiquita.
Pero con su resistencia descomunal,
Liquidó al rival masita por masita.

Siempre peleaba en la mejor condición
Al demostrar su presión irresistible,
Enfrentando a la mejor oposición
Que las divisiones que peleo tenían disponible.
Daba siempre lo mejor para representar a su bandera
Tirando izquierdas y derechas de a mil.
El mundo de este deporte ya sabía cómo era
El Demoledor de Marrickville.

Tributo a Jeff Fenech

Como muchos de su país del oriente,
Empezó entrenando con el boxeo tailandés.
Al cambiarse al estilo del occidente,
Causaba daño sin tener que usar los pies.

Como muchos de sus compatriotas tailandeses,
Peleaba en los más chicos de los pesos,
Pero quien lo vio pelear varias veces,
Vieron que presionaba al rival sin recesos.

Fue en los pesos minimosca y mosca donde reinó,
Donde machucaba a sus rivales con su estilo de presión.
En esos pesos, como campeón tanto tiempo no duró,
Pero enfrentó muchas veces a la mejor oposición.

Kittikasem tuvo al final una corta carrera.
No fue quizás una gran figura,
Pero demostró lo que era.
Un tipo cuya presión impecable era una tortura.

Tributo a Muangchai Kittikasem

Popo fue como lo han apodado.
Es un apodo dado a este campeón irónicamente.
Un apodo irónico porque es muy recordado
Por causar en su peso destrucción crónicamente.
En los súper plumas, causaba el máximo terror.
Los ponía KO a todos sin sensibilidad.
Si su rival cometía el mínimo error,
De un golpe lo enviaba a dormir por una eternidad.

Su reinado como campeón fue tenebroso
Donde todos sintieron su pegada y mucho no duraron.
Muchos sintieron su poder monstruoso,
Pero casi todos simplemente no lo soportaron.
Luego subió a la división peso ligero,
Donde tuvo la suerte de tener dos reinados.
Pero siguió con su poder duradero,
No tenía los mismos rápidos resultados.

Solamente lo vencieron dos adversarios,
Ambos en los pesos ligeros.
Popo fue uno de los pocos campeones extraordinarios
Que le dieron alegría a los brasileros.
Si valió mucho como peso ligero,
Como súper pluma era inexplicado por la ciencia.
En su peso natural, cuando era certero,
Ponía KO a todos, sorprendiendo a la audiencia.

Tributo a Acelino Freitas

Ulano Negro del Rin
("Black Uhlan of the Rhine")

Tenía el clásico estilo Europeo
Que de algún modo se ve cada día,
Pero tenía un muy buen contragolpeo
Que él mismo se lo entendía.

Peleaba de una forma cautelosa
Combinada con lógica intelectual
Y una pegada muy poderosa;
Algo que no suele ser muy usual.

Era tan bueno que ni siquiera un refrán
Podía describir su estilo con ciencia.
Fue observado por el público alemán
Cuando peleaba con mucha inteligencia.

Su calibre lleno de prosperidad
Lo llevó al título mundial peso pesado.
Al pelear, se notaba con mucha claridad
Que ya tenía al rival bien estudiado.

Sigue siendo muy bien recordado
Mucho después que su carrera llegó a su fin.
Una leyenda, así se describe al apodado
El Ulano Negro del Rin.

Tributo a Max Schmeling

No era un peso pesado gigante,
Pero tenía la fortaleza de un oso
Y una apariencia tan intimidante
Que el rival pasaba un momento tortuoso.

Su derecha la tiraba y conectaba como un hacha.
Y su gancho lastimaba a los oponentes.
Para agravar más la mala racha,
Su jab le dolía al rival hasta en los dientes.

Podía destruir al rival psicológicamente
Con tan solo mirarlo en la cara
De manera que subía al ring temerosamente
Mucho antes de que la campana sonara.

Cada victoria parecía muy sencilla
Por la forma en que terminaban.
Para los rivales, él era su peor pesadilla
Cuando caían y no se levantaban.

Cuando ganó el título mundial peso pesado,
Fue para él su mejor momento de gloria.
Pero cuando se terminó su reinado,
Fue para muchos una gran victoria.

Tributo a Sonny Liston

Como todos en su país de origen,
Tuvo su campaña en el boxeo tailandés.
Hizo una hazaña que se da rara vez
En el deporte donde con los puños pelean y se protegen.
En su cuarta pelea, peleó prematuramente
Por el título mundial de los gallos y ganó.
Lo perdió, pero otra vez en ese peso se consagró
Y su segundo reinado fue el más sobresaliente.

Sus dos manos podían causar gran dolencia.
Para dar y no recibir, era certero.
Y podía pelear un combate duradero.
Y acababa al rival con poder y sin urgencia.
Aunque el estadio estaba bajo el sol,
Simplemente ninguno de los tailandeses
Se perdió ni una de las veces
Que peleó este campeón llamado Veeraphol.

Tributo a Veeraphol Sahaprom

Peleó con la leyenda apodada "Finito",
Teniendo dos peleas en una rivalidad inolvidable.
Cada una fue una batalla memorable
Aunque no vencer al grande cuyas victorias era un mito.
Para un peleador en las dos más bajas categorías,
Era uno que para pelear siempre se iba a avivar.
Su estilo le causaba a cualquier rival
La peor de todas las agonías.

Tenía una naturaleza temperamental
Que lo hacía ir siempre al frente
Y atacar con mucha presión al oponente,
Demostrando siempre su rudeza mental.
Le decían el Búfalo por un buen motivo
Buscar conectar izquierdas y derechas en todos lados.
Dejaba a los rivales muy cansados y marcados
Con ese modo de ataque tan activo.

Intentar detener a este hombrecito de Nicaragua.
era como tratar de librarte arena movedizas.
Con sus puños, hacía al rival trizas,
Como si lo estaba sofocando en un tanque de agua.
Tamaño pequeño, pero brindaba mucha acción
A los fanáticos que lo siguieron en la trayectoria.
Cuando los nicaragüenses recuerdan a esta gloria,
Lo hacen con mucha satisfacción.

Tributo a Rosendo Álvarez

No le decían "Bad" por cualquier motivo.
Su apodo significa malo en inglés.
Y lo demostró en el sentido claro cada vez
Que demostraba su poder destructivo.
Su marca quizás diga que no fue gran cosa,
Pero quienes pelearon con él dirían lo contrario.
Le causaba pesadillas y dolor al adversario
Al imponer su pegada poderosa.

Quizás tuvo muchas derrotas acumuladas,
Pero todas fueron ante buena oposición.
Pega en cualquier lado para causar destrucción,
Convirtiéndose en una de las figuras más respetadas.
Era uno de esos grandes demoledores
Que si el rival se descuidaba en cualquier minuto,
Terminaba en la lona de luto,
Con un sueño volando más alto que platillos voladores.

Un contendiente conocido en los medianos,
Peleaba con la mentalidad de donde él venía,
Haciéndolo con todo el poder y bronca que tenía,
Con su poder noqueador en ambas manos.
Un pegador increíble sin corona,
Así se describe a "Bad" Bennie en este caso.
Casi todas sus víctimas no oyeron el último campanazo
Porque terminaron generalmente en la lona.

Tributo a Bennie Briscoe

Mala suerte ("Jinx")   noviembre 2013

En la división peso medio pesado
Que dio mucho de qué hablar.
Hizo algo que casi nadie de ese peso pudo lograr:
Ganar el título mundial peso pesado.
Usaba su rapidez con mucha precisión.
Su poder no era su única fortaleza.
Peleaba claramente con estilo y firmeza,
Como muy pocos en su división.

Era muy bueno tirando combinaciones,
Podía detectar el fin de la pelea y cómo definir.
Durante su reinado, con cualquiera pudo combatir,
Incluyendo a varios que fueron campeones.
Uno no necesariamente se sentenciaba a muerte
Al pelear con este campeón impresionante.
Pero al hacerlo, el rival se daba cuenta en el instante
Por qué era conocido como la mala suerte.

Su último combate ante Mike de Hierro
Fue uno que fue muy anticipado.
Pero no pudo con él y fue derrotado
Ante el hombre con puños más duros que un cencerro.
No pudo volver a consagrarse en los pesados,
Así que dio su tiempo como terminado
Con su legado claramente asegurado
Como uno de los mejores medio pesados.

Tributo a Michael Spinks

Fue lo mejor que ha dado Perú.
Su pegada no tenía la máxima potencia,
Pero peleaba con agallas e inteligencia.
Sus fanáticos aun piensan: "No hubo alguien mejor que tú".

Si hubiese salido más seguido de su nación,
Hubiese sido mucho más recordado.
Pero de todas formas, con los mejores se ha probado
Y fue idolatrado con pasión.

En su única pelea en suelo norteamericano,
Tuvo una pelea muy dura,
Pero en ella demostró estilo y bravura
Para ganar y enorgullecer a su país peruano.

Aunque no se consagró como medio pesado,
Enfrentó a los mejores de su categoría.
No cumplió la meta que más quería,
pero El Expreso de Chincha será recordado.

Tributo a Mauro Mina

Quien lo vio pelear puede recordarse
De este grandioso campeón semipesado
Que mantenía al público emocionado
Cuando muchas veces lo vieron fajarse.

Tenía un buen poder recuperativo,
En un momento podía estar lastimado
Y en otro dejaba al rival derribado
Al hacerlo sentir su poder explosivo.

No importaba con cuál mano tiraba
Y si era una derecha o hasta un gancho descendiente.
Una vez lo sentía el oponente,
De la lona no se levantaba.

Esa determinación más filosa que mil sables
Y su pegada dejaba al rival derribado.
De sus combates en su prestigioso reinado,
Varios de ellos fueron muy memorables.

La carrera de Saad Muhammad sí que duró,
Aun cuando ya debió dejar los guantes colgados.
Pero se retiró como uno de los mejores medio pesados
Que el mundo del deporte vio.

Tributo a Matthew Saad Muhammad

Era un peso gallo con figura larguirucha
Con una pegada muy aceptable,
Pero era un contragolpeador incansable
Y la acción que brindaba era mucha.

Valía la pena trasmitirlo en televisión
Y hacerlo con menuda regularidad
Porque traía entretenimiento de calidad
Al pelear sin nada de detención.

Algo significa su apodo en inglés,
Porque al atacar con mentalidad decidida,
El rival terminaba con la cabeza sacudida
Cuando Joltin' lo atacaba cada vez.

Fue un peso gallo sensacional
Que entretuvo a la afición en su reinado.
Luego de terminarse, siguió siendo recordado,
No solo a nivel local, sino también internacional.

En su mejor época de gloria,
Fue un tipo con agallas y maña,
Enorgulleciendo a Filadelfia, Pennsylvania.
con cada victoria.

Tributo a Jeff Chandler

Aunque peleó en un peso bajito,
Pegaba como un peso mediano,
Entreteniendo al público coreano
Demoler al rival por trocito.

Como peso mosca, tuvo un reinado
Que empezó con un KO espectacular
Y aunque lo perdió luego de una defensa titular,
Su lugar en la historia quedó sembrado.

Tae-Shik tuvo una corta carrera
Cuyo reinado tanto no duró.
Pero en poco tiempo, a muchos demolió
Demostrando la clase de peleador que era.

Tributo a Tae-Shik Kim

Parlov   noviembre 2013

Fue un deportista muy querido,
más allá de cómo él peleaba
cuando estaba la ex-república yugoslava
Con cada país de ella unido.
Era un zurdo con pegada aceptable,
Pero venía de buena escuela europea
Que demostraba cómo la técnica se emplea.
Tenía un quilate de maña admirable.

Con un calibre de púgil nato,
Era muy difícil conectarle.
Por eso, varios no pudieron ganarle
A este grande del país croato.
Su carrera como rentado fue limitada,
Pero fue una muy exitosa.
Demostró ser una figura habilidosa
Desde su carrera amateur prolongada.

Gracias a su habilidad con eficacia,
Ganó el campeonato mundial peso semipesado.
Aunque duró poco su reinado,
Siguió siendo una figura prominente en Croacia.
Tuvo gloria en su época de aficionado
Y luego como campeón mundial
En una larga trayectoria sensacional.
Croacia mantiene a Parlov bien recordado.

Tributo a Mate Parlov

El Temible   noviembre 2013

Es conocido como un gran pegador
Con un coraje completamente indomable
Y una resistencia interminable
Que causaba en todos lados un dolor abrumador.
Fue otro de los grandes campeones mexicanos,
Un grande en la división peso ligero
Donde generalmente demostró ser un guerrero
Que atacaba duramente con sus manos.

Recuerdan su primera pelea memorable
Con el apodado "Chico lindo" Floyd,
Un combate que hasta hoy,
Es recordado como un robo despreciable.
Lo hizo sufrir como nunca pensó que lo haría.
Le conectó izquierdas y derechas por todos lados.
Pero los jueces, que parecieron tener los ojos tapados,
No le dieron la victoria como correspondía

Todos también se acuerdan de El Temible
Por su primer pelea con el apodado Chico
Que un combate sumamente rico,
Rico de una emoción muy irresistible.
En esa, no pudo salir por la puerta ancha,
Perdiendo en una conclusión dramática.
Pero emocionó a la afición de forma lunática
Y le puso un lindo K.O. en la revancha.

Estuvo dispuesto a enfrentar a cualquiera.
En sus reinados en los pesos livianos,
Moría en la raya como todos los mexicanos.
Y fue uno de los mejores livianos de su era.

Le dejaba al rival una memoria irreversible
De cómo conectaba hasta en la sección media.
Ninguno terminaba riéndose a medias
Luego de enfrentar a El Temible.

Tributo a José Luis Castillo

El Buey ("The Ox")   noviembre 2013

A diferencia de muchos cubanos,
No era el típico estilista contragolpeador.
Pero demostró ser un gran demoledor
Con ambos puños en los pesos medianos.

Un contendiente temido de su país caribeño.
Quienes enfrentaron a este noqueador nato
Generalmente no duraban un largo rato
Terminando perdiendo por la vía del sueño.

Enfrentó a todo tipo de oponentes,
Hasta algunos que llegaron al campeonato mundial.
Y al sentir su pegada descomunal,
La mayoría terminaban en la lona yacientes.

Para muchos, él era un favorito
Porque aunque era un noqueador sin corona,
Los rivales, el sentir sus manos, caían a la lona
Y nunca caían despacito.

Sus puños eran más fuertes que un matabuey.
Aunque no logró ser campeón del mundo,
Muchos llegaron a sentir un dolor profundo
Al ser impactados por El Buey.

Tributo a Florentino Fernández

Era claramente un zurdo altísimo
Que tiraba y tiraba con frecuencia.
Lo increíble era su resistencia
Para atacar en un volumen grandísimo.
Pese a su pegada en ambas manos,
Se hizo conocido por su ataque indetenible.
Siempre demostró estar disponible
Para enfrentar a todos desde los welter a los medianos.
No dejaba de trabajar esos largos brazos
En ningún minuto de ningún asalto.
Su ataque ofensivo no tenía alto;
Siempre tiraba izquierdas y derechazos.

En los welters, tuvo su primer reinado.
El título lo perdió sorpresivamente,
Pero lo pudo recuperar rápidamente
Ante quien por primera vez lo había derrotado.
Subió a un par de divisiones,
Para conseguir algún combate alcanzable
Y ganarlo con su ataque incansable,
Entreteniendo a fanáticos de a millones.
Es una lástima que un terrible accidente
Quizás dio su tiempo por terminado.
De ser una realidad, El Castigador será recordado
Por enfrentar a cualquier oponente.

Tributo a Paul Williams

En su tiempo, era un estilista
Que combinaba bien hasta con el recto.
Con poder y cualidades de esgrimista,
Hacía las cosas bien en cada aspecto.

En los gallo y peso gallo, tuvo su reinado
Defendiéndolo con oposición de calidad.
Yendo el número de asaltos pautado
Para demostrar su bravura y habilidad.

El Indio de Cuajigalpa enfrentó
A la leyenda de Bazooka en una pelea emotiva
Que en ningún momento defraudó
Brindando mucha acción explosiva.

Fue un combate para la historia
Donde demostró lo bravo que era.
Aunque no pudo conseguir la victoria,
Le dio a Bazooka una de las peleas más duras de su carrera.

A pesar de sufrir algunas derrotas desafortunadas
En un regreso que quizás fue en vano,
El Indio de Cuajigalpa fue una de las figuras más respetadas
En la historia del deporte mexicano.

Tributo a Lupe Pintor

Fue su combate con el "Boom Boom" original
Con acción donde se sembró su legado.
Es una lástima que ese combate recordado
Haya tenido un triste final.

Al combatir con el americano en Nevada,
Combatió y atacó con todo lo que tenía.
Cada vez que "Boom Boom" atacaba con todo, él respondía
Como diciéndole: "No me lastimaste para nada".

Fue en esa pelea donde batalló sin parar,
En su intento de consagrarse en los livianos,
Donde demostró el espíritu de los coreanos,
Pero perdió y no volvió a resucitar.

Deuk-Koo perdió la más dura de las batallas.
En su último combate de un deporte no duradero.
Pero los fanáticos recordarán como un gran guerrero,
Pensando siempre: "¡Que corazón y que agallas!"

Tributo a Deuk-Koo Kim

El Matador (De Nicaragua)   noviembre 2013

Tenía una personalidad extravagante
Que hacía al público verlo como alguien vistoso.
Pero el rival tenía que ser cuidadoso
Para evitar su pegada fulminante.

Más allá de demostrar su persona,
Su técnica era como penosa.
Pero gracias a su pegada poderosa,
El rival terminaba en la lona.

De ser técnicamente más disciplinado,
Lo cual era una debilidad,
Y no haber tenido mucho de inactividad,
Más lejos pudo haber llegado.

En los welter y súper welter, tuvo un reinado
Dándole alegría necesitada a Nicaragua,
Cuyas compatriotas de hasta Managua
Lo veían dejar al rival liquidado.

Siempre tuvo la habilidad de noqueador,
Aunque contra algunos de calidad perdió.
Pero su carrera fue entretenida mientras duró,
Dejándonos con la memoria de "El Matador".

Tributo a Ricardo Mayorga

El Indio (De Puerto Rico)   noviembre 2013

Un zurdo que tenía consciencia.
Además de tener un poder muy contundente,
Podía hacer un combate inteligente
Y mostrar técnica con decencia.

Perdió en su primera oportunidad titular
Con un compatriota lleno de determinación.
Pero eso no lo hizo perder la pasión
Para lograr una hazaña espectacular.

En su segunda oportunidad, fue un pequeño león
Al enfrentar al apodado El Castigador
Cuando neutralizó su ataque con volumen abrumador
Para proclamarse el nuevo campeón.

En la primera defensa, fue vencido
Y lo fue rápidamente.
Pero se recordará como ese contendiente
Que no se dio por vencido.

Y le dio a Puerto Rico esa alegría.
El Indio fue uno de esos que se ve.
Que ganó lo más buscado sin perder la fe,
De la mejor forma: con inteligencia y valentía.

Tributo a Carlos Quintana

En cuanto a atacar con las manos,
El Magnífico lo hacía con eficiencia,
Además de demoler al rival con paciencia,
Enorgulleciendo a sus compatriotas mexicanos.

Como típico mexicano, atraía a millones
En un deporte donde la emoción puede hervir,
Conectaba sus golpes y podía recibir
Y tirar y dar buenas combinaciones.

Su rivalidad con el hermano de Dinamita
Fue una donde hubo acción garantizada
Y cada de una las cuatro es recordada
Hasta por quienes la vieron en una cantinita.

No le importaba si tenía la cara marcada
O recibiera izquierdas y derechas hasta en los costados.
Podía usar inteligencia y conectar por todos lados
Para tener la victoria asegurada.

Su tiempo como súper gallo fue entretenido
Al igual que sus dos reinados,
Retirándose como uno de los grandes más respetados
de México que ha existido.

Tributo a Israel "El Magnífico" Vázquez

Tenía un estilo muy electrizante
Que mantenía a la gente entretenida
La afición siempre terminaba complacida
Al ver una pelea emocionante.

Cuando tiraba hasta la derecha,
Lo hacía hasta varias veces en sucesión
Y lograba conectarla con mucha precisión
Como un arquero que tiraba la flecha.

Con ambas manos, atacaba con velocidad.
Era uno que estaba dispuesto a fajarse.
En todo momento, se atrevía a arriesgarse
Al enfrentar cualquier nivel de adversidad.

Desde los súper mosca a los pesos pluma, reinó,
Demostrando su estilo carismático.
Dándole el valor de su dinero a cada fanático
Que pagó para ver sus peleas y se las disfrutó.

Enfrentó a cualquier oponente,
De distinto tamaño, calidad y variedad.
Su calibre de habilidad
Era de un peleador excelente.

La acción que brindó nunca fue poca.
Su vida a una edad joven terminó,
Viviendo la vida como ya se le apodó:
Mi Vida Loca.

Tributo a Johnny Tapia

El Torbellino (Puerto Rico)   noviembre 2013

El poder en sus manos tenía escasez,
Pero tenía un estilo depurado
Y un modo de combatir sofisticado,
Demostrando lo que era una y otra vez.

Peleó con algunos rivales de categoría,
Pero con ellos logró conseguir la victoria.
Cada una de ellas fue un momento de gloria
Que le dio a Puerto Rico mucha alegría.

No siempre ganaba por la vía del sueño,
Pero ganaba con su defensiva aceptable
Y su ataque ofensivo demostrable
Que era visto mucho por su país caribeño.

Cuando atacaba con sus manos, era certero.
Probándole a todos que tenía técnica suficiente
Para derrotar claramente al oponente
El Torbellino combatió en muchos lugares en el extranjero.

No tenía el calibre de técnico más fino,
Pero en sus dos reinados como súper pluma
Peleaba con más rapidez y furia que un puma,
Para que todos vieran por qué era El Torbellino.

Tributo a Samuel Serrano

No podías confiarte porque era bajito.
Como muchos, tenía una baja estatura,
Pero sentir su ataque de furia era la peor tortura,
Demostrando por qué era El Mosquito.
Era muy brava la naturaleza de este argento
Que usaba a veces movidas poco utilizadas,
Unas que normalmente no son encontradas
En ninguna parte del buen reglamento.

No necesariamente era erupción volcánica
Al pelear cuando la campana sonaba.
Pero demostraba bravura cuando peleaba,
Aunque no tenía mucha táctica.
Como a algunos que le han sucedido,
No se consagró en sus primeras oportunidades
Pero siguió con sus puños como autoridades
Sin jamás darse por vencido.

Su sexta oportunidad fue la vencida.
Logró superar la máxima adversidad
Para consagrarse como campeón, pese a la longevidad,
En la división mini mosca; fue una misión cumplida.
Su trayectoria fue una muy admirable,
Aunque terminó de forma inesperada.
Pero su consagración en Mar Del Plata fue una dorada
Ante miles de argentinos en una noche memorable.

Tributo a Luis Alberto Lazarte

Fue uno de los mejores pesos livianos
Y uno de los púgiles técnicos más puros.
Aunque no tiraba golpes tan duros,
Conectaba efectivamente con las dos manos.
Quizás fue apodado irónicamente,
Porque no atacaba con toda su ferocidad,
Pero lo hacía y daba con mucha velocidad
Y demostraba su fineza espléndidamente.

Cuando utilizaba su izquierda recta,
Sabía conectarla al blanco cuando quiso
Y siempre en el momento preciso,
Como si sabía la estrategia perfecta.
Con su calibre de peleador completo,
Logró cumplir todos sus sueños,
Dándole gloria a todos los panameños
Que lo vieron superar cualquier reto.

Sufrió varias derrotas como la mayoría
Pero todas fueron ante la mejor oposición,
Casi todas peleando en su división.
De todas formas, le dio a Panamá mucha alegría.
En sus dos reinados como peso liviano,
Demostró sus habilidades sin ningún detalle olvidado.
El Tigre Colonense será recordado
Por ser con sus puños un gran artesano.

Tributo a Ismael Laguna

Un poco chico para los pesos pesados,
Pero con los más grandes peleaba
Y tan rápidos eran los golpes que tiraba
Que los rivales se quedaban cegados.

Tiraba combinaciones con buena puntería,
Cada uno llegando a la parte deseada.
Con su guardia cerrada,
O bloqueaba bien los golpes o los eludía.

Patterson demostró tener un corazón de león.
Las veces que le conectaban y caía,
Se levantaba para seguir peleando con valentía.
Lo demostró en sus reinados como campeón.

Al consagrarse campeón mundial en los pesados,
Lo perdió, pero pudo recuperarlo
Ante quien fue el primero en derrotarlo
Para perderlo de nuevo y terminar con dos reinados.

Además de ser conocido por su gran capacidad,
Era conocido por su buena conducta deportiva,
Una que vale la pena ser imitativa.
Patterson será recordado también por su caballerosidad.

Tributo a Floyd Patterson

No tenía el estilo más emocionante,
Pero surgió de buena escuela mendocina
Y le dio mucha gloria a Argentina
Con su estilo de combate elegante.

Sabía utilizar las manos con ciencia
Y conectar cualquier golpe fuertemente.
Sabía mantener la distancia eficazmente
Con el rival y pelear con furia y decencia.

Al consagrarse en los pesos pluma en Hungría
Donde demostró sus puños con potencia
Y su técnica y táctica llenas de excelencia,
Fue para los argentinos una gran alegría.

Así era el grande apodado El Relámpago:
Demostraba todas sus herramientas cuando peleaba
Y cuando cada fanático lo observaba,
Se daba cuenta de que un campeón bárbaro.

Tributo a Julio Pablo Chacón

Un hombre que tenía mucha rapidez
Y un muy buen arsenal ofensivo
Combinado con un estilo agresivo.
Tiraba sus combinaciones con mucha fluidez.

Tenía un gancho de izquierda poderoso
Que lo usaba bien al usar sus combinaciones,
Dándole a la afición una de varias razones
Por las cuales lo veían como un combatiente talentoso.

Un talento natural que valía la pena mirar.
Demostraba sus reflejos cuando combatía.
Cuando tenía al rival en aprietos, lo demolía
Y a veces lo hacía rápidamente sin delirar.

Reinó en los medianos junior tres veces,
Derribando a los rivales en una instancia.
Si el combate duraba la distancia,
Hacía mucho para impresionar a los jueces.

En su tiempo, fue un campeón increíble
En el deporte de las manos cerradas.
Los rivales normalmente eran almas derribadas
Luego de enfrentar al grandioso apodado "Terrible".

Tributo a "Terrible" Terry Norris

Para un hombre grande, tenía una alta estatura
Con un físico delgado larguirucho.
Pero lo que ofrecía era más que mucho
Y le daba a cualquiera una pelea dura.
En los pesos súper pluma y los livianos,
Demostró tener un corazón incuestionable
Y un poder indudablemente insoportable
Y lo tenía en ambas manos.

Se recuerda su rivalidad con "El Temible",
Sobre todo su primera pelea inolvidable
Con muchísima acción impecable
Y los puños volaron de modo indetenible.
En el décimo asalto de ese combate descomunal,
A Chico lo enviaron dos veces a la lona,
Pero se levantó para defender su corona,
Y ganar en ese asalto en un dramático final.

Fue un hombre que mostraba su temperamento,
Su táctica y cómo la usaba cada vez que peleaba.
Si lo enviaban a la lona, se levantaba
Y batallaba hasta el último momento.
La vida de Chico terminó trágicamente,
Viviéndola como lo ha hecho: como quiso.
Pese a una edad joven, mucho hizo
En el deporte y lo hizo valientemente.

Tributo a Diego "Chico" Corrales

El Feroz ("Ferocious")   noviembre 2013

Mucho vieron a este toro californiano
Que imponía su ira y rudeza
Cuando acaba a los rivales sin delicadeza,
Logrando con la mentalidad de un volcán humano.

En su estadía en los junior medianos,
Fue un demoledor visto por millones
Que tenía claramente dos marrones.
En otras palabras, poder en ambas manos.

Se recuerda su combate con el mito puertorriqueño
Donde se levantó varias veces de la lona,
Pero no pudo retener su corona
Y terminó perdiendo por la vía del sueño.

Combatió con otros grandes exponentes.
Aunque con ellos no obtuvo siempre la victoria,
El Feroz es conocido en su trayectoria
Por enfrentar siempre a los mejores oponentes

Cuando atacaba, lo hacía con desprecio,
Derribándolos convincentemente.
Peleó con los mejores prematuramente
Y al final terminó pagando el precio.

Tributo a Fernando Vargas

En los anales de los pesos medianos,
Pocas veces s e vio a uno liquidar al rival con facilidad.
Quienes lo enfrentaron terminaban partidos por la mitad
Como cocos al sentir el poder de sus manos.

No importaba si conectaba a la zona hepática
O en la mandíbula o un lado de la cara,
Siempre y cuando al rival lo impactara
Y quedara tendido en una pesadilla abismática.

La mayoría de los que sintieron su pegada
No pasaron de los ciento ochenta segundos,
Terminando derribados con dolores profundos
Con su noche rápidamente terminada.

El G-Man fue un demoledor en su reinado
Donde los rivales recibían KOS fulminantes
Una vez sentían sus puños ultra impactantes.
Era alguien que no podía ser subestimado.

El G-Man Imponía tanto su pegada vastamente dura
Que hacía de liquidar al rival un arte fino.
Es una lástima que por causas del destino,
Su carrera terminó de manera prematura.

Tributo a Gerald McClellan

Fue un grande con buena maña.
Como decía su apodo, atacaba a su presa.
No hay mejor forma de describirlo que esa.
Fue quizás lo mejor que dio España.
Reinó en los súper welter y los medianos,
Pero en los súper welter fue más sobresaliente
Y derrotó a cualquier tipo de oponente
Con las mejores armas que tenía: sus manos.

En su tiempo, era de esas pequeñas moles
Que hasta tirando los ganchos descendientes
Se sentían sus dos puños potentes.
Le dio gloria a todos los españoles.
Con la mentalidad de un semental decidido,
Podía recibir un golpe bien conectado
Para conectar más de uno bien dado
Y dejar al oponente dormido.

Se atrevió a enfrentar a cualquiera,
Usando sus manos como las mejores garras que tenía.
Aunque a veces no logró el triunfo como quería,
Demostraba la clase de peleador que era.
Cuando se menciona al Lince de Parla,
Se habla de alguien con una trayectoria
De veintiún años de mucha gloria,
Una que para España vale la pena recordarla.

Tributo a Javier Castillejo

Schoolboy   diciembre 2013
("El Alumno" en los súper pluma)

Su apodo en inglés significa alumno,
Así fue apodado en su carrera profesional
Pero con su pegada sensacional,
Enviaba al rival en un sueño nocturno.
Quienes hayan visto a este californiano
Sabían que la acción se iba a oler
A parte de verlo casi siempre demoler,
Haciéndolo con el poder en cada mano.

En su carrera, tuvo algunas rivalidades,
Pero sus peleas eran emocionantes,
combatiendo con los mejores pequeños gigantes
que demostraban sus mejores habilidades.
Reinó en los pesos pluma y súper pluma.
Aunque su reinados no duraron tanto como quería.
Siempre que iba al estadio, la afición lo veía
Pelear con el corazón más grande que un puma.

Aunque peleaba en un peso bajo,
Daba lo mejor de él al combatir,
Y eso es un hecho que no se puede debatir
por la acción que siempre trajo.

Tributo a Bobby Chacón

Yori Boy diciembre 2013

No tenía una técnica con decencia,
Pero como muchos mexicanos,
Se le conocía por su poder en ambas manos.
Como terminaba el rival era la mejor evidencia.

Yory Boy tenía poder abrumador
Que constantemente iba hacia al frente.
Ante cualquier tipo de oponente,
Imponía su mentalidad de fajador.

Se podría decir que era un pegador absoluto.
De eso mayormente dependía.
No importaba cuantas izquierdas y derechas recibía.
Conectaba donde pudiera con poder, su mejor atributo.

Fue una figura en la división junior mediano
Logrando más de un centenar de victorias.
Sin duda, fue una de las más grandes glorias
En la larga historia del país mexicano.

No existieron muchos como Yory Boy.
Aun cuando pasó su tiempo de campeón,
Siguió demostrando su corazón de león.
Como él, pocos se ven hoy.

Tributo a Luis Ramón "Yori Boy" Campas

Ohashi tuvo una trayectoria muy cortita,
Pero como muchos campeones japoneses,
Se consagró campeón mundial un par de veces,
Lográndolo en la división más bajita.

Una técnica con mucha capacidad
Y sus manos impactaban contundentemente.
Retó por títulos mundiales prematuramente,
Sin tenerle miedo a la adversidad.

Un peso chico dispuesto a fajarse,
Que conectaba sus manos y también recibía.
Si en un combate, a la lona caía.
Demostraba la mentalidad de samurái al levantarse.

En sus primeras oportunidades no tuvo suerte,
Pero en la siguiente, lo logró en la mínima categoría,
Dándole a Japón una gran alegría,
Al ganar el campeonato del mundo batallando fuerte.

Enfrentó hasta la leyenda apodada "Finito".
Aunque ante éste no consiguió la victoria,
Debe ser recordado por darle a su país gloria
Uno donde consagrarse en los pesos chicos es un mito.

Tributo a Hideyuki Ohashi

Se le apodó como ese golfista
carismático que vimos en la película.
Pero éste dejaba a la gente incrédula
Cuando demostraba su estilo de estilista.

No tenía una pegada tan y tan dura,
Pero combatía de una forma metódica,
Como si al hacerlo, usaba lógica,
además de buen uso de la cintura.

Era un peso gallo con mucha movilidad.
Happy era un experto frustrando a los rivales
Moviéndose con excelentes pasos laterales
Y esquivando con mucha agilidad.

Peleaba con mucha fineza con sus manos;
Era como si hiciera una obra de artesanía.
En su reinado, Happy le dio mucha alegría
A millones y millones de colombianos.

Tributo a Miguel "Happy" Lora

Bronx (Davey, súper welter)   diciembre 2013

En la división peso junior mediano,
Era un hombre que ataba rápidamente
Y podía causar impacto duramente
Sin ningún problema con cualquier mano.

El rival quedaba como una remisa
Al recibir de su parte un buen bombazo.
Pero cuando ascendió en su caso,
Lo ascendieron a la cima muy de prisa.

Bronx tuvo su momento de gloria.
Antes y después de tener su reinado,
Con rivales de categoría se ha probado
En su corta y exitosa trayectoria.

Es una tristeza que un accidente
acabó con su vida prematuramente.
¿Cuántos más logros pudo conseguir realmente?
Nunca lo sabremos exactamente.

Tributo a Davey Moore

Donde peleó, logró ganar una corona,
En súper welter, welter y los ligeros.
Con sus golpes fulminantes y certeros,
Siempre enviaba al rival a la lona.
Además de unos puños impactantes
Que al sentirlos el rival, éste caía,
Tenía una velocidad que el otro no veía.

Además de letales, sus manos eran relampagueantes.
Quien lo vio en su mejor momento,
Observó que tenía una movilidad envidiable
Y una habilidad que parecía inigualable.
Era como poesía impactante en movimiento.
Nunca le quitaba la mirada a su presa.
La mermaba poco a poco con poder y rapidez.
Cuando lo veían acabarlo de una vez,
Todos decían: "No hay mejor cátedra que esa".

Siempre demostraba mucha precisión
Conectaba sus manos hasta al cuerpo cuando combatía.
Al tirarlas con rapidez, el rival las sentía.
Enfrentó siempre a la mejor oposición.
Hacía al rival lucir con fragilidad
Haciéndolo fallar los golpes que tiraba
Y luego tirándolo cuando conectaba
Con poder y mucha agilidad.

Sus peleas nadie se las perdía.
Todos las miraban y tomaban notas.
Y aunque luego sufrió algunas derrotas,
La gente sabía su calibre y lo que valía.

Sus combates siempre eran emocionantes.
Como muchos, será también recordado
Por pelear en un período más que prolongado
Cuando hace tiempo debió colgar los guantes.

Tributo a "Sugar" Shane Mosley

Parecía un torito en miniatura
En las divisiones mini mosca y mosca.
Pero tenía más bravura que una grosca
Y estaba listo para una pelea dura.
Siempre más bajito que el oponente,
Pero era tan sólido que un tanque
Y cuando el combate ya tenía arranque,
A cualquiera le hacía frente.

Siempre atacaba con las dos manos
Pese a ser más chiquitito que el contrincante,
Brindándole cada triunfo emocionante
A millones de sudafricanos.
Su baja estatura nunca fue una barrera
En sus logros para hacer historia
Durante su larga trayectoria,
Demostrando lo fuerte y valeroso que era.

Un pequeño gigante muy determinado.
Eso fue en todos sus reinados,
Siendo uno de los campeones más respetados.
"Baby Jake" nunca podía ser subestimado.
"Importa el tamaño de la pelea en el perro",
Sin duda alguna ese es el refrán
Que mejor describe a este pequeño titán
Con un corazón más sólido que un fierro.

En las más bajitas categorías,
Sus peleas fueron vistas por millones.
Brindaba entretenimiento de a montones,
Dándole a Sudáfrica muchas alegrías.

Hasta el más querido de los presidentes sudafricanos
Admiró mucho a este gran campeón.
Será recordado por su corazón de león.
Uno de los mejores campeones africanos.

Tributo a "Baby Jake" Jacob Matlala

El apodo que en su carrera se le ha dado
Significa guerrero del camino.
Se le dio porque este púgil jamaiquino
Es un rival que siempre se ha probado.

Al combatir, pone muchísima presión.
Puede aguantar un golpe bien recibido
Es un guerrero muy aguerrido
Que impone su voluntad sin recesión.

Quizás no tenga una pegada descomunal,
Pero en las divisiones medio pesado y súper mediano,
Sus esfuerzos nunca resultan en vano
Y puede hacer al oponente lucir mal.

Cuando se consagró como medio pesado,
No duró tanto tiempo como él quizás deseaba.
Pero en sus combates, siempre demostraba
Por qué es un hombre respetado.

Ha continuado pese a su longevidad,
Sufriendo a menudo varios reveses.
Pero enfrentó la oposición todas las veces
De la misma forma: sin temer a la adversidad.

Tributo a Glen Johnson

Rafa (El hermano de Dinamita)   diciembre 2013

Al igual que su hermano Dinamita,
Valía la pena verlo en televisión.
Los fanáticos lo veían con detención
Mientras se tomaban una Margarita.
Como todos los grandes mexicanos,
Lo daba todo el momento de combatir.
Al oponente lo iba a partir
Con su poder letal en ambas manos.

En los pesos gallo y súper gallo,
Casi nadie aguantaba el poder que tenía.
Cada vez que se lo proponía,
El rival caía más rápido que un rayo.
En esos pesos logró tener un reinado,
Algo que suele pasar en los pesos chiquitos.
El rival terminaba hecho trocitos
Al recibir una combinación o un golpe bien dado.

Se recuerda también por su rivalidad con "El Magnífico",
Una donde se vieron golpes por todos lados,
Manteniendo a los fanáticos emocionados.
Se puede describir de esa forma en específico.
Rafa era simplemente un noqueador nato
Que lo veían de a millones.
Como muchos grandes campeones,
Siguió combatiendo cuando debió parar hace rato.

Tributo a Rafael Márquez

Sabía cómo atacar con ambas manos
Y combatir con la mentalidad de guerrero
Cuando lo logró en el extranjero,
Consagrándose en los pesos livianos.

Fue alguien que estuvo dispuesto a arriesgar,
Dándole al rival de su propia medicina
Para darle mucha alegría a Argentina.
Eso nadie lo puede negar.

Al ver cómo la cabeza del rival se movía
O en alguna ocasión tambaleaba,
Se veía su poder cuando conectaba
Y el rival eventualmente caía.

Pepe no tuvo un reinado dominante,
Pero demostró garra una y otra vez.
Y cuando se consagró en pleno suelo francés,
Fue para Argentina un triunfo emocionante.

Tributo a Raúl "Pepe" Balbi

El Travieso   diciembre 2013

Combatía con la mentalidad de una boa.
Era siempre tenacidad en movimiento.
Siempre demostraba su mejor rendimiento,
alegrando a su ciudad de Los Mochis, Sinaloa.
Como todos los guerreros mexicanos,
En cada combate peleado lo dio todo.
podía dominar al oponente a su modo,
Dando con poder con las dos manos.

Siempre atacaba con mucha decisión
atacando como un torito enfadado
y a todos se los ha demostrado
Cada vez que subía de división.
Enfrentó cualquier tipo de reto
sin importar cuál era el tamaño.
Demostró su valor con el pasar de cada año,
ganándose siempre respeto.

Se le apodó "El Travieso" por alguna razón,
Pero al pelear, demostraba lo contrario.
Ha sido un campeón extraordinario
Que mostraba su carácter y corazón.
Ataca siempre con combinaciones
Y se levanta si cae a la lona.
Comprobando por que ganó una corona
Tras otra en múltiples divisiones.

En todos los sentidos, él era único.
Se le conoce como un personaje carismático
que puede complacer a cada fanático
que forma parte del público.

Un pequeño titán con pasión.
Los aficionados recordarán a El Travieso
Por darle el valor de cada dólar o peso
Que pagaron para verlo en acción.

Tributo a Jorge "El Travieso" Arce